KB108363

즐거운
언어학 산보

저자: 이노우에 후미오
역자: 김순임

제이앤씨

Publishing Corporation

Copyright © 2007 by Fumio Inoue
All rights reserved.

No part of this book may be used or reproduced in any manner
whatsoever without written permission except in the case of brief quotations
embodied in critical articles and reviews.

Originally published in Japan in 2007 by Meijishoin Co., LTD.
Korean Translation Copyright © 2011 by J&C publishing company
Korean edition is published by arrangement with Meijishoin Co., LTD.

역자 서문

이 책은 일본어학 전문 잡지인 '월간 일본어학'(메이지쇼인)에 연재 중인 수필 '언어의 산책길'이 100회를 맞이한 것을 기념하여 간행된 책이다. 저자 이노우에 후미오井上史雄 선생님은 1942년 야마가타山形현 쓰루오카鶴岡 출신으로 동경대학대학원 언어학박사 과정을 수료하고, 홋카이도대학 문학부 조교수, 동경외국어대학 외국어학부 교수를 역임한 후, 현재는 메이카이明海대학 외국어학부 교수로 재직 중이시다. 전문 분야는 사회언어학, 방언학으로 다수의 저서를 집필하셨는데 대표적인 저서로는 방언학의 신지평, 일본어 바라보기, 경어는 무섭지 않다, 일본어의 가격, 계량적 방언 구획, 일본어는 연속 1킬로미터로 움직인다 등이 있다.

언어학을 전문으로 하는 대학교수의 저서라고 하면 왠지 모르게 딱딱할 것 같은 이미지가 있지만 이 책의 경우는 예상을 빗나간다. 이 책은 저자가 일상에서나 세계 각국을 여행하면서 느낀 언어에 관한 의문점이나, 새롭게 발견한 재미있는 소재에 관하여 쓴 에세이 집이다. 예를 들어 영어를 각각의 외국어로 번역했을 때에 일본어가 다른 외국어보다 더 길어지는 메커니즘이나, 지명이나 이름의 성씨에서 알 수 있는 역사, 자신의 글을 컴퓨터로 자동 채점했을 때의 놀라움 등. 저자 자신이 직접 발로 찾아다니며 조사하고 경험한 소중한 체험들이 유쾌한 그림과 함께 유머러스한 문체로 쓰여 있어서 지겹지 않게 읽을 수 있는 책이다.

이 책을 번역함에 있어서 독자의 이해를 돕기 위해서 전문용어의

추가 설명이 필요하거나 그 외에 주석이 필요하다고 판단될 경우에
는 역주를 달아 설명하였다. 이 책을 번역한 역자의 바람은 독자들
이 이 책을 읽음으로써 사물을 관찰하거가 일상에서 경험하는 다양
한 체험들의 소중함을 다시 한 번 깨닫고 또한 이러한 체험들을 언
어학에 대한 관심으로 연결시켜 줬으면 하는 바람이다.

　역자가 이노우에 선생님과 인연을 맺은 지 햇수로 벌써 15년이
된다. 처음에 이 책을 번역하고 싶다고 말씀드렸을 때, 선생님은 역
자에 대한 신뢰로 번역을 흔쾌히 허락해 주셨다. 그 후, 번역서가
나오기까지 몇 해가 걸렸지만 깊은 배려로 묵묵히 지켜봐 주셨다.
이 자리를 빌어 감사의 인사를 드리고 싶다.

　또한 출판계의 어려운 현실에도 불구하고 본서를 출판하는데 있
어서 쾌히 협력해 주신 제이앤씨의 윤석현 실장님께 감사드리며,
또한 메이지쇼인의 이해가 있어서 별 어려움 없이 출판에 이르게
되었다. 모두에게 진심 어린 감사의 뜻을 표하고 싶다.

2011년 여름 동경에서

김순임

저자 서문

이 책은 필자가 경험한 언어에 관한 다양한 관찰과 생각을 기록한 것이다. 평소에 생활하면서 눈에 띄는 단어나, 해외에서 경험한 것에 관하여 주로 썼고, 이뿐만 아니라 일본어와 외국어의 관계, 일본 각지의 방언에 관해서도 다루었다. 무엇보다, 재미있을 것 같거나 뭔가를 느끼게 하는 테마를 고르려고 노력했다.

모든 에피소드는 '월간 일본어학'에 연재했던 것인데 연재 100회를 기념하여 한 권으로 묶게 되었다. 그 과정에서 내용의 관련성에 따라 100편을 재배열하였다. 출판을 계기로 일부 문장을 수정하기도 하고 그림 대신에 사진을 넣거나, 다언어로 표시된 수집품을 억지로 갖다 붙이기도 했다.

연재를 시작한 후, 늘 소재가 될 만한 것을 메모하거나, 컴퓨터에 입력하고 있는데 자료가 계속 늘어가고만 있다. 매달 점점 더 많아지는 후보들 중에서 소재를 고르고 있는데, 어떤 주제에 대해서 썼느냐 하면, 기본적으로는 쓰고 싶은 것에 대해서 쓰기도 썼지만 무엇보다 독자들이 읽어보고 재미있어 할 만한 주제를 위주로 썼다. 요즘 같이 험한 세상에는 하다못해 사물에 대해서 만이라도 긍정적인 면을 부각시켜 밝게 살려고 노력하지 않으면 장수할 수 없다는 것을 깨닫게 되었다.

이 책의 출판으로 이번에는 졸문을 한꺼번에 읽으실 수 있게 되었다 아마도. 여기까지 '들어가기'를 읽어 주신 분들께는 감사할 따름이다.

목차

■ 역자 서문
■ 저자 서문

즐거운
관광
언어학

타지 않을래?

도둑맞은(?)
구두

A

자카르타의

한 식당에서 늦은 저녁식사를 주문했더니, 어린 아이가 다가와서는 뭐라고 말을 걸어 왔다. 아무래도 구두를 닦아 주겠다는 것 같았다. 똑똑하고 정직하게 보였고 마침 구두도 더러웠다. 게다가 점원 쪽을 봤더니 고개를 끄떡이는 것이었다. '부탁해도 괜찮겠지.'라고 생각하고 앉아서 발을 내밀었더니, 그 아이는 한 쪽 구두만 가지고 밖으로 나가 버리는 것이었다. 아마 식당 안이 아니라 밖에 들고 나가서 닦겠거니…… 하고 생각했다. 그런데 아무리 밖에 들고 나가서 닦는다고 해도 시간이 너무 오래 걸렸다. 식사가 시작되어도 가지고 오지 않아서, 혹시 도둑맞았나? 하고 걱정이 되기도 했다. 한 쪽 발은 구두 없이 맨발로 호텔로 돌아가야 할 상황이었지만 점원은 무관심했다. 하지만 문득 생각해보니 신발을 한 짝만 가지고 간다고 해도 별 소득이 없을 것 같아, 좀 더 끈기 있게 기다리기로 했다.

좀 지나니 아이가 와서는 닦은 구두를 주고 아직 닦지 않은 다른 한 쪽 구두를 가지고 나갔다. 식사가 끝날 무렵, 양 쪽이 모두 닦여졌다. 한 짝만 가지고 가는 것은 비효율적으로 보이지만 손님을 안심시키기에는 좋은 방법인 것 같다.

점원에게 사례비의 시세를 물었더니 생각보다 쌌다. 팁을 주려고 했지만 나중에 올 손님, 특히 일본인에게 폐가 될 것 같아 시세대로 지불하고, 그 대신에 말로 감사의 마음을 전하기로 했다. 인도네시아어인 "테리마카시 고마워요"는 외우고 있었기 때문에 쓸 수 있었다. 그러나 "힘내라!"는 표현은 가지고 있던 아시아 6개 국어 회화 사전에도 나와 있지 않았다. 어쩔 수 없이 일본어로 "간바레요 힘내라!!"라고 말했다. 그랬더니 아이는 살짝 고개를 끄덕였는데, 아마도 얼굴 표정과 어조만으로도 내가 한 말이 "이 바보야!"도 아니고 "빨리 들어와서 자!"도 아니라는 것쯤은 간단하게 유추했을 것이다.

바쁠 때에는 다른 일을 하면서 TV 음성을 끄고 화면만 흘낏흘낏 보는 경우가 있는데, 이 경우 싸움을 하는 건지 사랑을 나누고 있는 건지는 표정만 봐도 알 수 있다. 즉 구어에 의한 커뮤니케이션 중에서 말 자체가 전달하는 부분은 그다지 많지 않은 것이다.

통권 233호 2001년 2월

화렌 花蓮 의
고구마

A

대만 동부 항구도시인

화렌에서 1998년 대만 원주민의 일본어 자료를 수집했다. 안내를
맡아준 린 씨는 이쪽에서 흥미를 가질 만한 여러 가지에 대해서 말
해 주었는데 그 중에는 눈시울이 뜨거워지는 얘기도 있었다.

어렸을 때 아버지를 여읜 후, 어머니의 일을 도와주기도 하고 기
모노도 준 사람이 있었는데, 그가 일본인 경찰인 M 씨였다고 한다.

패전으로 대만 항에서 쫓겨난 일본인들이 창고에서 지내는 신세
가 되었는데, 린 씨가 거기에서 지내고 있던 M 씨에게 고마움을
전하기 위해 어머니가 산에서 캐온 고구마를 사탕수수 즙으로 조린
요리를 가지고 갔다고 한다. 그러나 정작 M 씨는 본인은 먹지도
않고 주위 아이들에게 나눠줬다는 것이다. 린 씨에게서 그 얘기를
들은 어머니는 다음날 모든 형제들에게 고구마를 캐오게 해서 그걸
삶아서 가지고 갔다고 한다. 그러나 이번에도 M 씨는 고구마를 전혀
입에 대지 않고 주위 아이들에게 나눠줬다고 한다.

초등학교 때 4년간 배운 일본어로 뜨덤뜨덤 말하는 린 씨. 짧은
문장을 이어 가면서 전달하는 얘기는 충분히 감동적이었다. 본인의
일을 쉬면서까지 처음 만난 일본인을 안내해 준 것도 분명히 M 씨를

비롯한 많은 일본인들이 린 씨에게 좋은 인상을 남겼기 때문일 것이다.

길 가다가 말을 건 원주민 아주머니도 일본인을 만나니 반갑다고 말해 주었다. 젊은 자치회장도 할머니에게서 배운 일본어로 친근하게 말을 걸어왔고, 전쟁 전의 귀중한 자료를 복사해 준 사람도 있었는데, 그 배경에는 분명히 그들에게 좋은 기억을 남긴 일본인들이 있었음에 틀림없다.

대만 공항 매점에서 '화롄 고구마'를 팔고 있었다. 고구마를 사탕수수즙으로 삶은 것인데 봉투 뒷면에는 일본인이 고안했다는 일본어 설명이 적혀 있었다. 앞으로 그 봉투를 볼 때마다 린 씨를 떠올리고 M 씨가 생각날 것이며 나아가 대만의 일본어가 생각날 것이다.

통권 214호 1999년 10월

남양南洋 의
로맨티스트

A

남양제도 미국이 위임 통치했던 미크로네시아 를
대학교 때 방문한 적이 있다. 제1차 세계대전 이후의 일본어교육
덕분에 일본어를 잘하는 사람들이 많아서 중년 이상의 연령층과는
일본어로 대화할 수 있었고 젊은 사람과는 영어로 대화를 할 수 있
었다. 조리, 사시미 등 외래어의 반대 개념인 '외행어外行語*가 쓰인
다는 점도 재미있었다.

* 외국어에 차용된 일본어 단어

어느 날 호텔로 돌아와 바에서 맥주를 마시고 있었더니 두 명의
남자가 다가 와 자신들의 집에 놀러 가자는 것이었다. 전쟁 때, 일본
군의 잔혹 행위에 원한을 품고 있는 사람도 있을 것이므로 밤에는
돌아다니지 말라는 충고도 들은 적이 있었기 때문에 혹시 폭행을
당하는 건 아닐까 하고 걱정을 했다. 그 중 한 명은 먼저 돌아갔고
남은 한 명도 나쁜 사람으로는 보이지 않았고, 또한 호텔 종업원도
아무 일도 아니라는 듯이 무관심했다.

호기심도 발동해서 집에 따라 가 보기로 했다. 그는 가구다운 가
구도 제대로 없는 작은 방에서 혼자 살고 있었다.

서툰 일본어로 하는 얘기는 한참을 추측해서야 겨우 의미를 알

수 있었다. 얘기인즉슨 전쟁 중에 일본인 여성과 결혼했는데 패전으로 인해 일본 국적을 가진 아내만 귀국하고 본인은 섬에 남겨졌다는 것이었다. 아내는 규슈에 있는 것 같은데 좀 찾아 달라는 것이었다. 아마도 일본인이 섬에 오기를 기다렸던 것 같았다.

귀국 후 이런저런 생각을 했다. 신문에 투서를 보내 볼까? 구 남양 귀환자 조직에라도 문의해 볼까?…… 그러나 찾아보지 않았다. 전쟁이 끝나고 25년. 아내 쪽에서 남편을 찾고 싶었다면 어떻게든 찾았을 것이다. 그렇게 하지 않은 것을 보면 분명 그 여성에게도 뭔가 사정이 있었을 것이다. 지금은 다른 가정을 꾸렸을지도 모르는 일이다. 그래서 일을 크게 만들어서는 안 되겠다고 판단했다.

남자는 언제나 로맨티스트. 헤어진 여인을 잊지 못하고 평생을 독신으로 산 것이다. 그 때 아무 조치도 취하지 않은 것이 아직까지도 마음에 걸린다.

통권 241호 2001년 9월

하와이의
일본어

A

호놀룰루에

갈 기회가 있다면 알리모아나 쇼핑센터 옥상에서 북쪽을 바라보기를 권하고 싶다. 그러면, 일본의 성처럼 보이는 건물이 보일 것이다. 이 건물은 마키키 성역교회라는 유서 깊은 일본계 교회로 볼만한 가치가 있다.

1990년의 언어 조사에서는 도움도 많이 받았다. 이 곳에서 봉사 단체의 일을 도와주며 재하와이 일본인들의 언어에 대해서도 공부했다. 90세가 넘은 할머니 단, 본인의 의식은 아주머니 들이 친절히 대해 주셨다. 덕분에 하와이의 일본어 어휘집도 완성했다.

이민 1세는 고향인 히로시마나 구마모토 방언의 잔재를 가지고 있으면서 양쪽 말을 모두 구사했다.

2세는 영어와 일본어가 모두 가능한데 친한 동료와 편안하게 얘기를 할 때는 2개 언어를 섞어 사용하는데, 그런 자연스러운 대화도 들을 수 있었다. 본인들의 의식도 물어봤더니, 화제에 따라 말하기 쉬운 쪽을 쓴다는 것이었다.

그런데 섞어 쓰는 것은 단어 뿐만이 아니어서 경우에 따라서는 문장의 도중에서 언어가 바뀌기도 했다. 최대의 걸작은 "You don't have to 行かなくてもいいのよ. 당신은 가지 않아도 괜찮아요."였다. 영어와 일본어는 어순이 반대여서 어순을 바꿔 말했더니 거울에 비친 것처럼 같은 의미가 두 번 쓰이게 된 것이다. 이런 현상은 언어 접촉에 관한 사회언어학의 개설서에서는 일반적으로는 일어나지 않는 현상이라고 지적되고 있다.

한편 3세의 경우는 일본어를 거의 하지 못한다. 그 원인 중에는 전쟁 중에 일본어가 적대시되었던 까닭도 있을 것이다. 일본인과 일본어에 대한 이미지가 안 좋았을 때, 이 교회가 피난처가 되었을 것을 생각하니 이 교회가 왜 일본의 '성' 모양을 하고 있는 것인지 그 의미를 알 수 있을 것 같았다.

통권 206호 1999년 3월

슬로베니아의
가이드

A

슬로베니아를

방문하게 되었는데, 그 전에는 슬로베니아에 대해서 거의 알지 못했다. 그런데 옛 유고 북쪽의 신 독립국이라는 사실을 알고 겨우 안심을 하게 되었다. 조금 일찍 도착해서 볼 일을 보기 전에, 마침 주 1회 열리는 영어 워킹 가이드가 있다고 해서 참가하게 되었다.

일본인이 참가하는 것을 국제적이라면서 기뻐해 주었다. 슬로베니아의 수도 류블랴나 거리를 국제적이라고 자화자찬하기에 "좋은 영어 가이드도 있고요."라고 농담을 했더니 가이드는 "독일어, 프랑스어 등, 일본어 이외의 가이드도 있어요."라며 웃으면서 대답했다.

재미있는 에피소드도 덧붙여 가며 꽤 상세하게 설명해 주었다. 도중에 어떤 레스토랑을 지나갈 때는 지금까지 이 레스토랑을 추천했었는데 직접 가보니 비싸고 양도 적어서 이제는 추천하지 않는다고 말하기도 했다.

헤어질 때 미국인처럼 보이는 관광객이 팁을 줬는데 다른 사람들은 주지 않았다. 이 순박한 나라에 팁 문화를 퍼트려야 할지 고민했지만, 돈과 말, 양쪽으로 다 감사의 마음을 전하기로 했다즉, 금전은 미국인 관광객이 건넨 지폐 색깔로 판단한 금액의 반 정도, 감사의 말은 수배의 양과 질로.

추천하고 싶지 않은 레스토랑을 가르쳐 준 가이드는 태어나서 처음
이라고 말했더니 가이드도 웃어 주었다.

"행복하게 살기를 기원합니다."라고 말하고 헤어지려고 했더니
"별 말씀을요."이라면서 "전 이 나라를 떠나고 싶어요."라는 것이었
다. "좀 전에 칭찬하지 않으셨어요?"라고 물었더니 "그건 관광객에게
는 좋은 곳이라는 뜻이고 자국민들이 살기에는 좋지 않아요."라면서
소득격차에 관한 얘기를 시작했다. 이로서 겨우 이 나라의 사정을
알 수 있게 된 것 같았다. "좀 전의 관광 설명도 좋았지만 지금 설명
은 더 좋았다, 정말 기쁘다."라고 말하고 이번에는 마음으로만 감사
함을 전했다. 상대도 만족스러워 하는 표정이었다. "이 나라는 발전
할 것입니다.", "저도 그렇게 되길 기대합니다."라는 대화를 마지막
으로 나누었다.

세르비아어와의 이중 언어생활을 끝내고, 유고슬로베니아로부터
슬로베니아어를 사용하는 지역만 독립을 이룩한 것인데, 경제적 발

전의 길은 아직도
힘든 것 같이 보였
다.

통권 260호 2003년 1월

나쁜 택시 손님

A

터키에서 언어조사를

했을 때의 일이다. 호텔에서 택시를 탔더니 역방향으로 달리기 시작하는 것이었다. 일방통행이거나 정체를 피하기 위한 것이려니 하고 생각했는데 지도를 보니 일단 교외로 갔다가 육각형의 다섯 개의 변을 돌아오는 것과 같은 경로로 악질적인 둘러가기였다.

외국인은 자주 악덕 택시의 미끼가 된다. 어느 정도 영어가 되는 운전기사가 자신의 영어 실력을 악용해서 돈벌이를 하려는 경향이 있는 것이다.

그 후 외국에서 택시를 탈 때는 의도적으로 지도를 과장스럽게 보이도록 하고 있다. 그런데 이스라엘에서는 그렇게 했는데도 다른 방향으로 달리기 시작하는 것이었다. 그래서 "길이 다르다. 나는 지도와 나침반을 가지고 있다."라고 했더니 운전기사 왈, "당신은 나쁜 사람이다."라는 것이었다.

그 후 운전기사는 계속 "나는 가난하고 아이도 있다.", "일본인은 부자다."라는 말을 늘어놓았다. 결국에는 팁을 줬기 때문에 둘러가는 것과 비슷한 비용이 들었을 지도 모르겠다.

리투아니아의 경우, 공항 빌딩 내에서 영어로 호객 행위를 하는 택시 기사가 제시하는 요금은 이상하게도 비쌌다. 실제로 택시 승강장에서 기다리고 있는 택시기사에게 물어봤더니 공항내의 기사보다 요금이 쌌는데 가이드북에는 이것보다도 더 싸다고 적혀 있었다. 그런데 요금 교섭을 지켜보고 있던 어떤 사람이 영어로 말을 걸어와 합승을 하자고 제안하는 것이었다. 세상에는 나쁜 사람만 있는 것은 아니라는 것을 느꼈다. 나중에 들어보니 공항 택시는 부정 요금을 요구하므로 그 곳 사람들도 전화로 무선 택시를 부른다고 한다.

합승한 덕분에 가이드북에 적혀 있는 절반 정도의 요금으로 택시를 탈 수 있었는데, 막상 내리려고 했더니 합승한 사람이 외국인이니까 요금은 필요 없다고 하는 것이었다. 잔돈이 없어서 "그러면……"이라면서 가지고 있던 지폐를 둘로 나눠 반을 건네는 시늉을 했더니 상대도 웃으면서 지폐를 받으며 잔돈을 건네주는 시늉을 했다.

부정 택시에 대처하는 방법은 다양하게 있겠지만 무선택시를 부르는 방법은 그 나라의 말과 사정을 잘 모르면 일반적으로는 효과가 없을 것이다.

통권 229호 2000년 10월

만국
택시 탑승
기술

A

아테네공항에

밤늦게 도착했다. 가이드북에 공항 택시를 조심하라고 적혀 있었고 짐도 가볍고 해서 24시간 운행하는 버스를 이용하기로 했다. 가이드북에는 버스 종점에서 손님을 기다리는 택시도 조심해야 한다고 적혀 있었는데, 역시 예상했던 대로 바로 옆에 있는 호텔임에도 불구하고 요금을 지나치게 많이 요구했다. 그래서 조금 걸어가 지나가는 택시를 잡기로 했다.

그런데 그 순간 옆으로 다가온 택시가 가격을 협상하기도 전에 타라는 것이었다. 타고 나서 호텔 이름을 말했더니 역시나 비쌌다. 미터기를 사용해 달라고 했더니 "OK"라면서 속도를 내기 시작했는데, 정작 방향은 달랐다. "미안하지만 난 호텔까지 가는 지름길을 알고 있다"라고 했더니 운전기사는 차를 세우고는 양손을 위로 들며 뒤돌아보며 "내려!"라는 몸짓을 했다. 아마도 먼 길로 돌아가 부당이득을 챙기려고 했지만 실패했다는 것을 보디랭귀지로 정직하게 표현한 것일 것이다. 다음에 탄 택시기사는 길은 모르지만 2유로면 된다고 했는데, 가격이 싸긴 쌌지만 차가 달리기 시작하자마자 바로 호텔에 도착했다. 택시를 잡으려고 걸어가는 사이에 이미 호텔 근처

까지 와 버린 것이다. 어쩌면 택시기사는 처음부터 길을 알고 있었
던 것은 아니었는지 의심스러웠다.

택시를 타서 행선지만 말하면 되는 일본의 습관과 비교하면, 택시
를 타기 전에 요금을 협상하고 확인하는 것은 충실하게 담화행동을
한 듯한 느낌이 든다.

이번에는 방콕에서 택시를 잡으려고 했을 때의 일이다. 차가 오는
방향에 다리가 있었는데 한가운데가 높아서 멀리가 보이지 않았다.
그래서 다리 한가운데까지 걸어가서 멀리에서 오는 택시가 빈 택시
인지 확인하면서 손을 들었는데 한 대도 멈추지를 않았다. 문득 다
리 옆을 봤더니 좀 전에 승차 거부를 했던 택시가 멈춰 서서는 이쪽
을 보고 손을 흔들고 있었다. 너무 더워서 힘들었지만 걸어가서 그
택시를 탔다. 나중에 유학생에게 물어보고 그 이유를 알게 되었다.
방콕에서는 택시 기사와 한참동안 가격 협상을 한 후에 택시를 타는
것이 일반적이며, 다리 위에서 택시가 정차하면 위험할 뿐만 아니라
교통의 흐름도 방해하기 때문에 다리 위에선 택시가 멈춰 서지 않는
다고 한다.

담화행동 중 장소에 관
한 규칙이라고 말하고 싶
지만, 이것은 방콕 특유
의 규칙으로 만국 공통의
습관이라고는 볼 수 없을
것이다.

통권 271호 2003년 11월

즐거운 언어학 산보

다양한 외국어

아시아의
프로토
타입 전형

B

카이로대학을

방문했을 당시, "처음으로 아프리카를 방문해서……"라고 말했더니
"언제 아프리카를 방문하셨어요?"라고 묻는 것이었다. "지금이죠."
라고 했더니 상대는 슬픈 듯이 고개를 저으며 이렇게 말했다. "이집
트는 아프리카가 아닌데요."

핀란드를 방문했을 때는 예전에 지도했던 유학생이 박물관을 안
내해 주었다. 그 학생은 어떤 도구를 보고선 "어딘가에서 비슷한
것을 본 적이 있는데……"라면서 "아마 유럽에서 온 것일 거예요."
라는 것이었다. "아니, 핀란드는 유럽이 아니란 말입니까?"라고 물었
더니 "진정한 유럽은 아니죠. 진정한 유럽은 더 서쪽이죠."라는 것이
었다. 그 후 여러 사람에게 물어봤더니, 영국은 섬나라이고 스페인
등도 진정한 유럽이 아니라고 한다. 아마도 프랑스나 독일 정도가
전형적인 유럽인 것 같다.

그러고 보니 예전에 원어민에게 영어 논문의 교정을 부탁했을 때,
'일본과 아시아의 국가들'이라고 썼더니 '일본과 다른 아시아의 국가
들'로 수정해야 한다고 지적해 주었다. 일본인들에게도 핀란드인들
과 마찬가지로 아시아란 어딘가 다른 나라를 가리킨다는 의식이 있

는 것 같다. '아시아적 생산 양식'이라고 하기도 하므로…… 전형적인 아시아는 중국 정도일까?

터키에 갔을 때에 술을 한잔 하면서 학생에게 이 얘기를 했다. 그런데 그 학생은 예전에 일본 대사가 터키에서 "같은 아시아의 국가로서"라고 말해 반발을 산 적이 있었다는 사실은 모르고 있는 것 같았다. 아마도 터키는 EU에도 가입한다고 하므로 유럽일 것이다. "일반 민중이 생각하기에 터키는 과연 아시아일까요, 유럽일까요?"

라고 물었더니 문화적으로는 어떻고 경제적으로는 어떻고 등등 이야기가 끝이 없었다. 그래서 "예컨대 유리한 쪽으로 아시아가 됐다가 유럽이 됐다가 하는 거 아닌가요?"라고 물었더니 바로 인정을 하는 것이었다. 단 정곡을 찔렀다. "일본도 마찬가지 아닙니까?"라고.

통권 237호 2001년 5월

핀란드의 와인

B

핀란드에서

방언학 국제학술대회가 열렸는데, 마지막 날 저녁에 방파제에서 와인 페스티벌이 열린다고 해서 일본에서 간 참가자들과 함께 가 보았다. 그런데 배 갑판 위에서 와인을 마시고 있었더니 그 지방 신문 기자와 카메라맨이 와서 취재를 요청하는 것이었다.

　나보다 젊은 사람들이 영어를 더 잘하므로 난 옆에서 취재를 듣기만 하고, 카메라맨은 일본에서 참가한 2명의 여성을 중심으로 촬영을 했다. 이쪽은 구두 발표도 끝났고 마지막 날의 사회도 끝났기 때문에 모든 것을 잊고 와인을 즐기고 있었다. 그런데 카메라맨이 돌아간 후 일행 중 한명이 "이노우에 선생님 사진도 옆에서 찍었어요."라고 말하는 것이었다. 디지털카메라였는지 카메라 셔터 소리도 전혀 들리지 않았다. 내일 아침 신문에 과연 어떤 사진이 실릴지 바로 얘기 거리가 되었다. 거의 전원이 여성 중심의 일본인 일행 사진이 실릴 것이라고 예측했다.

　다음날 아침, 교외로 단체 여행을 가는 도중이었는데 젊은 여성이 "일본에서 오셨어요?"라고 묻는 것이었다. 그래서 "예스"라고 대답했더니 "어젯밤 와인페스티벌에 가셨죠?"라고 묻기에, 또 "예스"라고 대답했더니 "선생님 사진을 오늘 신문에서 본 것 같아요."라는 것이었다.

저녁에 호텔로 돌아왔더니 이쪽에서 아무 말도 하지 않았는데 프런트의 직원이 문제의 신문을 건네주었다. 늘 투숙객의 기사를 찾아보는데, 국제학술대회가 열린 첫 날에는 주최 측의 교수들과 국제학술대회의 실질적인 주요 멤버들이 찍힌 성실한 사진이 실렸다고 한다. 그런데 학술대회 마지막 날 신문에는 아시아에서 온 중년 남성이 와인 잔을 벌컥 벌컥 들이키는 모습이 신문에 실린 것이다.

귀국 후, 핀란드인에게 번역을 부탁했다. 그 자리에 함께 있었던 M 씨가 "매일 밤, 술을 마셨다."라고 말한 것으로 적혀 있었는데 이로써 대충 짐작이 갔다. 왜 프런트 직원이 웃으면서 "도대체 어떤 학술대회였을까요?"라고 말했는지.

귀국 후 핀란드에서 온 연구자를 만나서 이 얘기를 했다. 그녀는 이미 요엔스에서 학술대회가 열린다고 해서 걱정을 했다고 한다. 왜냐하면 수년 전에 그 곳에서 스킨헤드의 우익청년들이 아시아인을 폭행한 사건이 있었다고 한다. 국제학술대회에 아시아인도 참가했다는 사실을 신문에 실은 것은 민중계몽적인 의미도 있었을지 모르겠다. 하지만 아시아에서 온 남자들이 흠뻑 취한 것처럼 나온 그 사진은 오히려 역효과였을지도 모르겠다.

통권 259호 2002년 12월

Joensuussa alkoholi on maistunut lähes päivittäin, kertoo Kenjiro Matsuda (vas.). Marjaviinit olivat uusi ja hyvin myönteinen elämys myös Anders Erikssonin ja Fumio Inouen mielestä.

와인 홀더

B

어느 날, 예전에

지도했던 핀란드인 유학생이 연구실을 방문했다. 방긋 웃으면서 "제 마음을 담은 선물이에요."라며 부피가 큰 봉투를 건네는데, 처음에는 연애편지인가 했지만 연애편지치고는 너무 두꺼웠다. 열어 봤더니 와인 잔을 접시 옆에 끼우게 하는 도구였다. 생각해 보니 핀란드의 파티에서 본 적이 있었는데 그때 편리할 것 같다고 감탄하며 화제로 삼은 적이 있었다. 그래서 그 학생은 그걸 기억하고는 일본에 오기 전에 식기 가게를 뒤져서 겨우 사 온 것이었다.

일본에서는 뷔페 파티에서 맥주를 열심히 마시고는 잔은 테이블에 두고 접시만 들고 다니는 경우가 있다. 누가 맥주를 따라 주려고 하면 기억을 더듬어 자신의 맥주잔을 찾지만 잔이 많으면 어느 것이 자신의 잔인지 알 수 없게 된다. 취기가 돌면 더 낙천적이 되어서 '알코올로 소독했으니깐'이라든가, '혹시 아름다운 여성이 마셨을지도 모르니깐'이라고 생각하며 아무 잔이나 가까이에 있는 잔으로 마셔 버리기도 한다. 하지만 예상컨대 지금까지 살아오면서 맥주잔을 통해서 간접 키스를 한 상대는 대부분이 남자였을 것이다.

핀란드의 이 소도구가 있으면 잔이 언제나 접시에 붙어 다니므로 잔이 바뀔 염려도 없고, 또 술이 어느 정도 남아 있는지 보이기 때문에 적절한 때에 더 따라 받을 수도 있다.

실물을 만지작거리면서 함께 있었던 사람들과, 이 도구를 전세계에 퍼트려야 한다는 얘기를 하게 되었다. 일본에서는 주로 맥주를 마시므로 컵 모양이 달라서 쓸 수 없다는 사람, 아니다, 구멍을 크게 하면 쓸 수 있다는 사람, 일본인은 똑똑하니깐 아마 이와 비슷한 것이 이미 아이디어 상품으로 나와 있을 지도 모른다는 핀란드인의 의견 등 다양한 의견이 나왔다.

그런데 이 소도구의 이름을 일본어로 직역하면 '와인 홀더'라고 한다. 이 이름으로 또 분위기가 고조되었다. 동료들은 역시 언어에 민감해서 정확하게 표현하면 '와인 잔 홀더'라고 해야 한다는 것이었다. 와인은 액체여서 잡을 수 없다는 것이 그 이유. "핀란드는 추우니깐 와인도 얼어서 잡을 수 있는 거 아닐까요?"라고 말했더니 모두 웃음을 터트렸다.

만약 맥주용으로 큰 것을 만든다면 이름을 '맥주 홀더'라고 해야 할까?

통권 279호 2004년 6월

통하는 말

B

암스테르담에서

열차를 기다리는 시간을 활용해서 운하를 순례하는 유람선을 탄 적이 있다. 창밖을 내다보며 사진을 찍고 있었는데 문득 보니 어떤 소년이 흥미로운 표정으로 이쪽을 보고 있었다. 그러더니 뭔가 굳게 결심한 듯이 다가와서는 영어로 말을 거는 것이었다. 조금 대화를 나누었더니 그 소년의 친구로 보이는 아이들이 쭉 둘러서서는 영어로 계속 말을 걸어왔다. 일부러 유람선을 탄 것이므로 물 위에서의 경치를 즐기고 싶은 마음도 있었지만 매정하게 뿌리칠 수도 없는 노릇이었다. 그래서 나도 몇 가지를 물어봤더니 아이들은 이탈리아인으로 북유럽을 자전거로 여행하는 중이라고 했다.

유람선에는 유럽인도 많이 타고 있었지만 아이들은 이탈리아어 이외의 언어를 배운 덕분에 이국적인 사람과 얘기를 나눌 수 있다는 사실이 즐거운 듯 보였다. 아마도 유럽 사람들과의 대화는 이미 충분히 즐겼을 것이다. 나에게 흥미를 가지게 된 것은 막 배우기 시작한 영어로 아시아인과 대화를 나눌 수 있기 때문이었을 것이다.

이탈리아인이라면 누구나 저 웃는 얼굴과 과장스러운 몸짓으로 어떤 나라 사람들과도 얘기를 나눌 수 있는 게 아닐까? 라고 생각하게 되었다. 이탈리아인은 바다에 빠지더라도 두 명이 빠진다면 서로 얘기를 나눌 수 있는 한은 절대 죽지 않는다는 농담도 있을 정도이으로……

영어는 이제는 국제공통어라고 불리고 있다. 이탈리아인은 외국어를 싫어하고 프랑스어 교육이 우세한 것으로 알려져 있었지만 지금은 영어교육이 활발해서 아이들까지도 자유롭게 영어로 의사소통을 즐기고 있는 것이다. 즉 지금은 온 세계가 영어 쪽을 향해서 움직이고 있다고 할 수 있다.

최근 10년간의 방언학 관련 국제학술대회의 발표 내용을 분석한 적이 있다. 부가적인 정보로 학술대회에서의 사용 언어도 알 수 있었는데, 매회 마다 개최국과 가까운 나라의 언어가 우세한 가운데 동일인이 발표를 영어 이외의 언어에서 영어로 바꾸는 경우가 있었다. 아마도 영어로 발표하면 많은 참가자들이 알아들을 수 있기 때문일 것이다.

외국인과
어린이

B

어떤 사람이

이런 체험담을 들려주었다. 영국의 공항에서 의자에 앉아 기다리고 있는데 반대편에는 일본인 아주머니 두 명이 앉아 있었다고 한다. 그 옆은 빈자리였는데 한 명이 짐을 두고 일어서서 어딘가로 갔다고 한다. 거기에 영국인 아주머니 두 명이 왔는데 아마도 그 두 사람은 나란히 앉고 싶었을 것이다. 일본인 아주머니에게 뭔가 묻고 있었는데, 짐이 있는 자리가 빈자리인지 물어보고 있는 듯 했다고 한다. 일본인 아주머니가 뭐라고 대꾸를 했지만 통하지 않았는지, 영국인 아주머니는 "I beg your pardon? 뭐라고요?"이라고 했다. 그랬더니 일본인 아주머니는 천천히 그리고 확실하게 일본어로 "ここに人が来ます。 여기 사람 옵니다."라고 말했다고 한다. 의미가 제대로 통했는지 영국인들은 짐 옆의 빈자리와 반대편 빈자리에 따로따로 앉았다고 한다. 이걸 보면 상대가 알아들을 수 있는 언어로 무리하게 말할 필요도 없는 것 같다.

생각해 보니 모스크바의 트레차코프 미술관에 가던 길에도 비슷한 경험을 한 적이 있다. 지도상으로는 가깝게 보여서 걷기 시작했지만 모스크바는 대도시라 한 블록이 굉장히 크다는 사실을 뒤늦게 깨닫게 된 것이다. 걷기에는 너무 먼 거리지만 택시도 다니지 않았고, 중간까지라도 버스로 갈 수 없을까 싶어 버스정류장에서 손짓, 발짓과 영어로 물어보았다. 하지만, 내 뜻을 알아주는 사람은 아무도 없는 것 같았다. 거의 포기하려는 순간 중년의 여성이 나서서 내 팔을 잡으며 천천히 러시아어로 설명하기 시작했다. 얘기인즉슨 도로 아래를 돌아 반대편쪽 다리를 건너면 비스듬하게 지름길이 있다는 것이었다. 건물의 방향도 알 수 있었다. "저는 버스를 찾고 있습니다만......" 이라고 주저했더니 그 중년 여성은 한 번 더 천천히 반복해서 설명해 주었다. 러시아어의 내용은 도무지 알 수 없었지만 가는 길은 잘 알 수 있었다. 감사인사를 하고 걸었다. 실로 좋은 운동이 되었다.

생각해 보니 그 여성의 말투는 마치 떼를 쓰는 아이=필재에게 그렇게 하면 된단다! 라고 끈기 있게 가르치는 모습과 비슷했다.

외국인을 대하는 말투를 '포리너토크foreigner talk'라고 한다. 유아를 대하는 '베이비토크baby talk'와 비슷한 점이 있어서, 외국인과 아이는 언어 행동 면에서 자주 비슷하게 취급당하는데 그 중년 여성이 필자에게 말한 말투가 바로 포리너토크의 전형적인 예라고 할 수 있다.

외국어교사 중에는 여성들이 많고 또한 여교사들의 교수법도 뛰어나다고 하는데 그것은 아마도 어머니로서의 언어행동이 젊었을 때부터 몸에 밴 덕분일 것이다. 예컨대 학생을 아이 취급하는 것이다.

통권 263호 2003년 4월

일본어
스피치

B

헝가리 체재 중에

일본어 변론대회를 구경했다. 9.11 테러 직후로 초대장을 지참한 사람만 들어갈 수 있는 상황이었지만 초만원으로 대성황이었다.

헝가리의 일본어 교육 실태를 반영한 것으로 초등학생이나 고등학생도 참가했는데 그 중에 다음과 같은 에피소드를 소개한 여학생이 있었다.

고등학교에서 일본어를 배우고 있는데, 남자친구에게 일본어로 만났을 때의 인사말이 "愛してます.사랑합니다"라고 가르쳐 줬더니, 만날 때마다 "愛してます."라고 했다고 한다. 지금은 남자친구도 일본어를 배워서 "愛してます."의 진짜 의미를 알고 있지만, 지금도 "愛してます."라고 말해 준다고 한다.

말의 기능이라는 점에서 미소를 지을만한 소재였다.

이 여학생을 포함해 여성이 상위에 입상했다. 변론대회가 끝난 후, 중년 남성들이 맥주를 마시며 감상을 얘기했는데 "심사위원이 남자라면 귀여운 여학생에게 후한 점수를 주는 것이 아닐까요?"라는 성희롱 비슷한 얘기가 화제로 나왔다. 그런데 그럴 리가 절대 없다고 주장하는 사람은 아무도 없었다 부끄럽지만 나를 포함해서. 오히려 성희

롱의 예방책이라는 주제로 화제가 발전했다.

후보의 얼굴 앞에 스크린을 설치해서 얼굴을 볼 수 없게 하면 된다는 아이디어가 나왔다. 그러나 그렇게 하면 퍼포먼스가 보이지 않게 된다. 예를 들어 일본인 친구와 술을 마시는 것이 일본어 학습에 도움이 되었다는 얘기를 하면서 "사전보다 맥주가 더 중요합니다!"라고 말하면서 숨겨 두었던 사전과 캔 맥주를 꺼내는 것과 같은 연기는 불가능하게 되는 것이다. "아프가니스탄의 여성처럼 부르카를 쓰면 어떨까요?"라는 의견도 나와 모두들 웃었다.

그러나 술이 깬 후 생각해 보니 그렇게 하면 표정이 보이지 않게 된다. "그 당시의 그 상냥했던 일본어 선생님을 다시 만나고 싶습니다!"라고 말할 때의 먼 시선 처리, 일본에서의 경험을 얘기할 때의

빛나는 눈빛 등을 전달할 수 없는 것이다. 그래서 이 경험을 계기로 변론대회에서도 언어 이외의 정보가 더 중요하다는 결론을 내리게 되었다.

통권 252호 2002년 7월

AV 교재

B

유럽의

한 일본어학자가 저녁 모임에서 체험담을 들려주었다.

오사카 신사이바시心斎橋를 부부가 걷고 있었는데 아내에게 말을 거는 사람이 있었다고 한다. 미인이니깐 TV에 나와 달라는 얘기였다고 한다. 재미있을 것 같아 두 사람이 따라 갔더니 좁은 사무실로 안내되었는데 사무실에 있던 사람이 "남편분도 꽤 잘생기셨으니깐 두 사람이 함께 하는 게 어떠세요?"라고 말했다고 한다. 얘기를 자세히 들어 봤더니 AV였다고 한다. 일본의 대학에서 일본어를 가르치고 있었기 때문에 당연히 오디오 비주얼Audio Visual 교재를 작성하는 것이라고 생각하고 점점 더 의욕이 생겼다고 한다. 그러나 상세한 설명을 들으면서 점점 분위기가 이상하다는 것을 눈치 채게 되었다고 한다. 뒤늦게 AV가 성인 비디오Adult video 의 의미로도 쓰인다는 사실을 상기하고 서둘러 도망쳤다고 한다.

이 얘기를 들은 후, 저녁 모임의 분위기가 고조되었다. "그것 참 안타깝네요. 오사카에 간 유학생이 비디오를 보고 선생님이라는 것을 알아챘을지도 모르는데."라는 교수. "선생님이 만든 다른 어떤 일본어교재보다 훨씬 도움이 될지도 모르는데."라는 강사.

이와 같이 발음이 같아서 오해가 생기는 현상을 '동음충돌'이라고 한다. 이런 경우 같은 문맥에서 사용되는 것은 다른 표현으로 바꾸어 말하기도 한다. '시립市立, 시리쓰'과 '사립私立, 와타쿠시리쓰', '과학科學, 가가쿠'과 '화학化學, 바케가쿠' 등이 그 예이다.* 동음충돌이 일어났을 경

> * '시립(市立)'도 '사립(私立)'도 '시리쓰'로 읽히기 때문에 구분이 안되므로 전자를 '시리쓰'로 후자를 '와타쿠시리쓰'로 읽어서 양자를 구분함. 마찬가지로, '과학(科學)'과 '화학(化學)'도 '가가쿠'로 읽히므로 전자를 '가가쿠', 후자를 '바케가쿠'라고 읽어서 구분함.

우, 한 쪽이 금기어일 경우, 정상적인 쪽마저 사용하지 않게 된다는 예는 언어학의 고전에도 적혀 있다. AV도 그와 비슷한 예인 것이다. 그러나 필자가 이전에 재직했던 대학의 '시청각교육센터'의 통칭은 예전의 'LL교실'에서 'AV센터'로 바뀌었다. 역방향으로의 변화인 셈이다. 아마도 이것은 그 대학 교수들이 이상한 쪽으로는 연상하지 않는 품행이 바른 성인군자들의 집단이기 때문일 것이다. 여하튼 '교사는 성직'이므로.

대학의 AV센터에도 진짜(?) AV테이프를 진열한다면 이용자가 더 늘어날 것이다. 언어학자이기도 한 모 신부님이 '어학 실력을 늘리기 위해서는 좋아하는 작품을 사전 없이 읽으면 좋다, 추리소설이든 포르노소설이든'이라고 예전에 글을 쓸 정도이다. 내용에 끌려서 외국어를 접할 기회가 느는 것은 좋은 현상이다. 하지만 그렇다고 해도 외국어는 건성으로 듣고 특수한 비언어행동에만 관심을 가져서는 곤란할 것이다.

통권 267호 2003년 7월

위험한 일본어

B

폴란드에서

일본어를 배우고 있는 학생이 이런 체험담을 들려주었다. 와르샤바
거리에서 일본어로 된 가이드북을 보면서 헤매고 있는 두 젊은 여성
이 있어서 가까이 다가가 일본어로 "뭐 도와 드릴까요?"라고 물었더
니 일본인은 깜짝 놀란 얼굴로 서로 마주보며 도망쳤다고 한다. 아
마도 그 이유는 일부 가이드북이나 해외 안전 정보에 일본어로 말을
거는 현지인을 조심하라고 쓰여 있기 때문일 것이다. 하지만 그 폴
란드인 여학생은 꽤 귀엽고 밝은 인상으로 이런 사람을 무서워하다
니 너무 이상하다는 생각이 들었다.

  이 얘기를 부다페스트의 일본어교사 모임에서 했더니 비슷한 경
험이 있다고 헝가리인이 말해 주었다. 또 어떤 사람은 지도를 보고
있는 일본인에게 "나는 가이드 자격을 가지고 있는데, 뭔가 도와드
릴까요?"라고 말을 걸었는데도 도망을 치더라는 것이었다. 그 사람
은 대학에서 일본어를 가르치는 품위 있는 여성이었다. 또 한 사람
은 젊은 여교사로 아이를 데리고 있었는데도 일본어로 말을 걸었더
니 일본인이 피해 갔다는 것이었다.

  두 사람 모두 일본어를 너무 잘 해서 무의식중에 일본인일 거라고

생각하고 있었는데 두 사람이 헝가리어를 하는 것을 듣고는 '어, 헝가리어도 원어민처럼 잘하네.'라는 착각이 들 정도의 일본어 실력이었다. 아마도 일본인들은 그들이 일본어를 너무 잘 하니깐 '이상한 외국인'이라고 생각했을지도 모르겠다.

이 얘기를 듣고 있던 Z선생님이 한마디.

"그럼 먼저 May I help you? 라고 말을 걸면 되겠네요."

영어로 말을 걸어 일본인을 안심시키고 나서 일본어로 바꾸면 된다는 것이었다. '과연!'이라고 납득하고 크게 웃었지만 생각해 보니 조금 슬퍼졌다.

유럽에서 일본어를 배우는 학생의 경우, 일본어를 실제로 쓸 기회

는 적다. 관광객과 말할 수 있으면 연습도 되고 일본어가 도움이 된다는 실감도 들 수 있을 텐데. 일본인이 의심을 하고 도망을 가서는 오히려 심리적으로 역효과가 생길 것이다. 앞으로 가이드북이나 해외 안전 정보를 그대로 받아들이지 말고, 사람 그 자체를 봐 줬으면 좋겠다.

한밤의 ATM

B

일본의 우체국은

일반적인 상식과는 달리 은행보다 서비스가 좋다. 우체국의 ATM에는 점자 표기도 있고 외국인을 위한 영어 화면과 음성도 나온다. 한편 은행의 ATM에는 점자도 없고, 영어 표기는 M은행과 T은행에서는 볼 수 있지만 R은행, U은행에는 없다.

단, 이용시간이라는 점에서는 우체국도 은행도 모두 실격으로, 일요일이나 공휴일에는 이용할 수 없다. 언젠가 비행기 사고로 밤늦게 나리타공항에 내린 적이 있었는데, 기내에서 알게 된 사람이 현금을 인출하지 못해 난처해하기에 빌려준 적이 있었다. 하지만 그 뒤 돈은 돌아오지 않았다.

은행의 ATM은 부서지기도 하고 도둑맞기도 한다. 한밤중에 유압 쇼벨카를 사용하는 것이다. 은행이 본 피해는 도난 보험으로 보상받을 수 있지만 그것도 결국은 이용자가 부담하는 것이다. 이자가 낮은 것은 분명 그 때문일 것이다! 개인적인 생각으로는 심야에도 ATM을 이용할 수 있게 하면 도둑도 사람들 눈이 두려워서 결국에는 도난 사고가 줄 것 같은데 과연 어떨까?

한편 서구의 ATM은 365일 24시간 인출이 가능해서 편리하다. 돌로 만든 건물 벽에 작은 화면과 카드나 돈을 넣고 빼는 부분만 조금 나와 있는 것이 대부분이다. 이런 형태라면 부수는 것도 곤란할 것이다.

하긴 유럽에서는 심야나 일요일에는 수중에 현금이 있어도 가게들이 문을 닫아 쇼핑이 불가능하므로 현금인출기가 있어도 특별한 의미는 없을 것이다. 단 독일에서는 일요일이라도 역과 주유소에서는 생필품을 구입할 수 있다.

이런 이유로 유럽과 일본은 서로 보완하는 관계라서 불편하다. 유학생과 얘기하는 도중에, 일본에서는 편의점과 자판기를 유럽으로 수출하고 유럽에서는 언제나 쓸 수 있는 ATM을 일본으로 수출하면 좋겠다는 점에서 의견이 일치했다. 물론 반대의 조합은 곤란하지만.

"수출하는 김에 일본에서 유압쇼벨카로 ATM을 부수는 기술도 수출할까요?" 라고 물었더니 유학생은 "아니요, 필요 없습니다!" 라고 솔직하게 대답해 주었다.

통권 289호 2005년 2월

바이링가이
bilingguy,
이중언어사용자

B

NHK 교육방송의

'영어로 놀자'라는 어린이프로그램에서 일본어와 영어를 섞어서 사용한다는 것이 어떤 모임에서 화제가 되었다. 앞으로는 초등학교에서도 영어교육이 시작되는데 이 프로그램이 모델이 되면 곤란하다는 것이었다. 이중언어사용자bilingual 로 키우기 위해서는 상대나 장면에 따라 2개 언어를 바꿔가며 사용하는 것이 바람직해서, 섞어 사용하면 2개 언어 모두 불완전하게 될 가능성이 크다고 한다.

'영어로 놀자'에 대한 저항감은 한 가지 더 있다. 그것은 일본어 발음과 영어 원어식 발음이 같이 사용된다는 사실이다. 보통 일본인은 외래어로 발음할 때에는 일본어의 음운체계에 맞춘다맞출 수밖에 없다. 그러나 해외 동포 2세나 귀국 자녀들이 자기들끼리 얘기를 할 때에는 영어도 일본어도 각각의 음운체계로 발음한다.

한편 영어 모음의 애매모호한 발음이 일본어 발음에 섞이는 것이 끔찍하다고 말하는 일본인도 있다. 그래서 이중언어사용자인 귀국 자녀들 중에는 일본에 와서 일본어에 맞춘 영어 발음을 다시 배워서 귀국 자녀라는 사실이 눈에 띄지 않도록 애쓰는 경우도 있다고 한다.

그런데 최근에는 이중언어사용자풍의 발음을 언어학자들 사이에서도 들을 수 있다. 대학생도 영어 단어를 인용할 때에는 신중하게 전환해서 영어 풍으로 발음하는 경우가 있다. 그러므로 예를 들어 영어의 'channel'과 일본어의 '챤네루'와는 발음이 전혀 다르게 되는 것이다. 앞으로는 아마도 일본인의 국제화가 더 진행되어 이중언어 사용자식 발음이 더 퍼질 것이다.

1998년 가을에 센다이仙台에서의 모임에서 어떤 여성 학자가 "좀 더 젊었더라면 '바이링걸bilinggirl'이라고 말하고 싶습니다만."이라고 말했다. 듣고 있던 남성들은 "그럼 남자는 뭐라고 하지?"라며 고민했는데 좋은 생각이 떠오르지 않았다. S씨가 "바이링가이bilingguy!"라고

해서 모두들 칭찬하며 박수로 결론을 내렸다. 술기운으로 앞으로 저작권을 내고 퍼트리기로 했다. 앞으로 언제쯤 사전에 실릴지 기대가 된다2007년 3월, 이노우에가 사용한 용례 이외에 4개 인터넷 사이트에서 사용됨.

통권 210호 1999년 6월

외국어를
외우는 방법

B

학생 때

다양한 외국어를 접한 이후, 각각의 언어로 세 가지 중요한 표현은 꼭 암기하려고 노력했다. "안녕하세요?"와 "고마워요.", "사랑해요." 가 그 세 가지 표현이다.

유학생을 만나거나 해외에 다니면서 이 지식은 꽤 도움이 되었다. 특히 "고마워요."는 자주 사용했다.

태국에 갔을 때는 백화점에서 "고마워요."를 사용했더니 점원이 겸연쩍은 표정을 하면서 킥킥 웃었다. 나중에 태국인 일본어 교사에게 물어봤더니 너무 정중한 감사 표현을 썼기 때문이라는 것이었다. 점원에게 "송구스럽게 생각합니다."와 같은 표현을 쓴다면 분명 이상할 것이다.

발트 3국을 단기간에 통과했을 때는 암기하기가 어려웠지만, 에스토니아어로 "고마워요."는 '아이타'라서 외우기 쉬웠다. 왜냐 하면, 외국어가 자국어와 비슷하면 외우기 쉽기 때문이다.

일본어의 'ありがとう 아리가토, 고마워요'도 영어권 사람들은 'alligator, 악어'라고 외운다고 한다. 과연! 뭔가 도움을 준 다음 '아리게타'라고 하면 '아리가토'로 들릴 것 같다. 그런데 재미있는 것은 잠시 착각을

해서 'crocodile, crocodile'이라고 연발해서 일본인을 이해 못 시킨 외국인도 있었다고 한다.

그러고 보니 전화를 걸거나 받을 때의 'もしもし 모시모시, 여보세요'도 'washing machine'이라고 말하면 정확하게 전달된다고 한다.

마찬가지로 영어로 '가볍다, 무릎, 아들, 그녀, 가다, 바위, 유모, 해치, 행렬, 유대인'이라고 암기하면 일본어의 숫자 세는 법을 외울 수 있다. 예컨대 itch(1), knee(2), son(3), she(4), go(5), rock(6), nanna (7), hatch(8), queue(9), Jew(10)인 것이다.

"ありがとう"を世界の言葉で集めましょう。

그런데 곰곰이 생각해 보면 '사랑해요'에 해당하는 외국어는 한 번도 실용적으로 써 본 적이 없다. 실용성이라는 관점에서 효율이 떨어지는 어학 학습을 한 셈이다.

통권 244호 2001년 12월

스위스의
제4의 언어

B

다언어 국가인

스위스에서는 독일어, 프랑스어, 이탈리아어 이외에도 로맨스어가
국어로서 인정받고 있다. 그 실태를 확인하고 싶었는데 때마침 기회
가 생겼다.

지인의 소개를 받고 쿠어Chur 시의 로맨스어협회Lia Rumantcha 를 방
문하여 다양한 자료를 받은 후, 90% 이상의 주민이 로맨스어를 사
용한다는 마을에 가보기로 했다. 그러나 가지고 있던 지도에는 그
마을이 나와 있지 않았다. 난처해 했더니 직원이 디젠티스Disentis 옆
에 무스터Muster 라는 로맨스어 지명을 힘껏 써 주었다.

전철로 1시간 이상 걸렸는데, 도중의 역 이름은 독일어와 로맨스
어의 2개 언어로 표시되어 있었다. 차내 안내 방송도 독일어와 로맨
스어 2개 언어였다. '선로를 가로지르지 마시오.'라는 표시는 5개 언
어로맨스어, 독일어, 이탈리아어, 영어와 독특하게도 일본어. 아마도 그라운뷘덴 주
의 3개 공용어와 알프스 등산객을 위한 언어일 것이다.

도로 표지나 관공서 표지는 로맨스어로 되어 있었고, 경찰차도
독일어와 로맨스어의 2개 언어 표시였다. 또한 교회에도 로맨스어
로 된 팸플릿이 놓여 있었다. 다른 도시와 비교하기 위하여 길거리

의 간판도 사진을 찍었다. 그런데 상점가가 없는 작은 마을이어서 간판이 잘 보이지 않았다. 그래도 역 근처에 몇 개의 가게와 은행이 나란히 있었는데, 독일어 이외에 로맨스어 표기가 섞여 있었다. 역시 온 보람이 있었다.

다음날 쿠어의 슈퍼마켓에 들어갔더니 출구에 독일어와 로맨스어로 '방문을 감사합니다!'라는 표시가 있었다. 안내 방송에서도 독일어 이외의 언어를 사용하는 것 같아서 점원에게 물어 봤더니 안내 방송은 독일어뿐이라는 것이었다. "출구에는 2개 언어로 표시가 되어 있던데……"라고 말했더니 그건 사투리로 이 마을에는 쓰는 사람이 없다는 것이었다.

거리에서 귀를 쫑긋 세워가며 들었던, 느낌상 로맨스어라고 생각했던 그 언어는 사실은 독일어의 스위스 방언이었던 것이다.

로맨스어 방송국에 갔더니, 소개해준 사람이 좋았던 덕분인지, 환대도 받고 CD도 선물로 받았다. 발음을 겨우 알 수 있을 정도였는데 가사의 의미는 잘 모르겠지만 멜로디는 좋았다.

즐거운 언어학 산보

언어의
경제학

장사로서의
외국어

C

도쿄의

한 가전제품 매장에서 다양한 외국어로 안내 방송을 내 보내고 있었
다. 이런 예는 드물기 때문에 몰래 녹음을 했다. 혹시나 소매치기로
오해를 받지는 않을지 주의하면서 종이 가방에 녹음기를 몰래 넣었
다. 점원이 의심하는지 안하는지 신경이 쓰여 점원 쪽을 자꾸 쳐다
보곤 했는데, 오히려 이런 행동들이 더 수상하게 보였을지도 모르겠
다. 이런 저런 생각을 하면서 별로 인기가 없는 레코드 매장에 가서
이것도 아닌데, 저것도 아닌데 하면서 고민하는 척하면서 겨우 전부
를 녹음할 수 있었다. 일본어, 영어, 프랑스어, 스페인어, 독일어,
중국어, 한국어는 들어서 알 수 있었는데, 한 가지 알아들을 수 없는
언어가 있었다. 나중에 동료 교수에게 들려주고서야 그 언어가 아라
비아어라는 사실을 알게 되었다. 아라비아어로 쇼핑하는 사람은 거
의 없을 것 같았지만 가게 입장에서는 만약 가끔이라도 오기만 하면
쇼핑을 많이 할 것이라는 기대감이 있었음에 틀림없다.

　몇 년 후 제자가 지점장에게 특별히 부탁해서 더빙한 테이프를
구해 주었다. 덕분에 의심받지는 않을지 신경 쓰면서 몰래 녹음하는
일은 하지 않아도 되게 되었다. 그런데 들어보니 아라비아어가 없어

지고 그 대신에 이탈리아어와 러시아어가 새롭게 추가되어 있었다. 경쟁 업체도 예전에는 일본어와 영어뿐이었는데 나중에 중국어가 추가되었다고 한다. 각각 매출과 관련이 있을 것 같은 언어를 사용하고 있는 것이다.

그런데 최근에는 일본 국내에서도 간판 등에 다언어 표기가 늘어났다. 도쿄에 있는 백화점의 매장 안내나 폐점 안내방송에서 영어 다음으로 많은 것은 중국어이고, 그 다음이 프랑스어, 한국어 등이다. 긴자에는 6개 국어를 사용하는 매장도 있다.

다언어화가 되면 외국인은 편하다. 이것은 최근에 일본이 국제화한 결과이지만 번역과 더빙, 인쇄에는 어느 정도의 비용이 든다. 일본에서는 다언어사용에도 시장경제 원리가 작용하여 장사가 될 만한 곳부터 먼저 다언어화가 진행되고 있는 것 같다.

통권 201호 1998년 10월

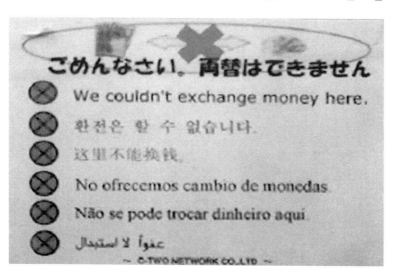

생존을 위한
외국어

C

어느 날

국비유학생이었던 한 여학생이 일본에 1년 더 체류하고 싶다는 말을 하는 것이었다. 장학금이 끊기는데 어떻게 할 거냐고 물었더니 외국어학원에서 가르치니깐 괜찮다는 것이었다. "부모에게서 공짜로 물려받은 것을 팔며 살고 있습니까?"라고 물었더니 이쪽을 힐끗 노려보는 것이었다. 내가 무슨 오해를 살만한 말이라도 한 것일까?

세계에는 약 3,000개 내지 5,000개의 언어가 있다고 하지만 그 중에서 외국어학원에서 가르칠 수 있는 언어는 그다지 많지 않다. 당시 NHK 어학강좌에서는 영어 이외에 7개 외국어를 방송하고 있었다. 교재 매출이 많은 순서로 따지면 중국어, 프랑스어, 독일어, 한국어, 스페인어, 이탈리아어, 러시아어 순이라고 한다. 올림픽이나 정치적인 변화, 또는 강사의 교수법 또는 미모? 에 따라서도 순위는 바뀐다고 하는데, 이 결과는 배우고 싶은 외국어를 조사한 여론조사 결과와도 거의 일치한다.

그런데 도쿄의 한 외국어학원에서 가르치는 언어를 조사해 보고 깜짝 놀랐는데, 약 40개 언어가 상시 개강되고 있었다. 학교 수로 보면 영어를 가르치는 학교가 400교 이상이고, 다음이 중국어로 약

120교, 프랑스어, 스페인어, 독일어, 이탈리아어, 한국어, 러시아어가 뒤를 이었다. 그 뒤를 태국어, 인도네시아어, 베트남어를 비롯한 아시아 국가들의 대부분의 언어를 가르치고 있었다.

하지만, 이들 언어를 제외하면 자신의 모어를 팔아서 생계를 유지한다는 것은 어려운 일이다. 부모로부터 물려받은 언어는 선택할 수 없는 것이어서 세계의 언어는 경제적으로는 불평등한 셈이다.

통권 196호 1998년 6월

일본어의
시장 가치

C

도쿄의

외국어학원에서 어떤 외국어를 가르치고 있는지 조사해 봤더니 영어 다음으로 많은 것은 예상외로 일본어였다. 이것은 물론 외국인을 위한 것일 것이다. 젊은 세대에게 바른 일본어를 가르쳐야 한다는 의견을 가진 사람도 있을지 모르지만 장사로서는 성립되지 않을 것이다.

일본어학원의 수는 2차 대전 이후 1970년대까지는 거의 변화가 없었다. 전쟁 직후 개교한 학원은 학생 수가 교사 수보다 적었기 때문에 거리에서 전단지를 뿌리며 학생을 모집했다고 한다. 그런데 1980년대 후반에 외국어학원이 갑자기 늘어나서 1992년에는 약 430교가 되었다. 그 후 다시 약 330교로 감소한 것은 버블 경제의 붕괴와 정부의 규제가 있었기 때문일 것이다.

해외의 일본어교육기관에 대한 조사에 따르면, 전 세계적으로 일본어 학습자 수는 최근 20년 동안에 20배 이상 증가했다고 한다. 일본의 경제 성장과 일치하는 증가 추세로 돈과 언어를 직접적으로 연결시켜 버리기 십상이지만, 그 배경에는 아무래도 상대국의 사정도 많이 작용하는 것 같다. 중국에서는 고등교육이 보급되면서, 영어 이외에 일본어 학습이 유행하게 되었다. 10억이 넘는 인구에게 보급되고 있으므로 그 영향력이 큰 것이다. 또한 유럽이나 호주의 대학에서 학생들이 이제까지 귀족적 교육으로 여겨져 왔던 그리스어, 라틴어 등의 고전어를 선택하기보다는 실용 언어를 선택하는 경향이 강해지면서, 당연히 일본어 학습자수가 늘게 된 것이다.

　일본어를 가르치며 살아간다는 것은 옛날에는 생각지도 못했던 일이다. 이것은 일본어의 시장 가치가 그만큼 상승한 덕분인데, 21세기에도 이러한 일본어의 세력이 계속 이어질지 기대가 된다.

통권 197호 1998년 7월

일본어의
세력

C

영국으로

철도 여행을 갔을 때 북쪽을 향해서 스코틀랜드로 들어갔더니 객차 내의 안내문 표기 중에 일본어가 있었다. '창문으로 얼굴을 내밀지 마시오!' 라는 표기는 일반적으로는 영어, 독일어, 프랑스어, 스페인 어나 이탈리아어의 4개 국어가 사용되는데 이 표기에는 일본어가 4번째로 쓰여 있는 것이었다.

귀국 후 농담을 즐기는 미국인 친구에게 얘기했더니 "좋아해서는 안돼요. 그런 나쁜 행동을 하는 사람 중에 일본인이 많기 때문이 아닐까요?"라는 것이었다. 내심 화가 나서 "그럴까요? 근데 아마도 세계 어디에나 주의 안내는 현지어 이외에 영어로 가장 많이 쓰여 있죠."라고 되받아쳤다. 하지만 상대도 여간내기가 아니어서 "맞아 요. 영국인이 전 세계에서 나쁜 짓을 가장 많이 하니까요, 미국인은 그렇지 않아요."라는 것이었다.

그런데 세계 각지의 안내문에 쓰인 다언어 표기 중에서 일본어는 과연 몇 번째로 등장하는 것일까?

아시아 중, 관광객이 많은 나라라면 현지어와 영어 다음으로 일본 어가 사용되어 3번째가 될 것이다. 또한 미국에서는 영어 이외에 스페인어가 많이 사용되지만 프랑스어, 독일어, 이탈리아어도 많고 언어 수가 더 증가하면 일본어도 등장한다. 유럽에서는 영어, 독일어, 프랑스어 서이탈리아, 다음으로 일본어가 등장하는 경우가 많다. 즉 현재 일본어는 다언어 표기에서 많이 사용되는 언어 순서로 따지면 세계에서 4번째나 5번째에는 들어갈 것이다.

물론 이렇게 전 세계에서 일본어를 많이 접할 수 있게 된 것은 일본인이 해외에 열심히 진출했기 때문일 수도 있다. 일본어를 쓰면 매상이 는다는 경제적인 이유도 있었을 터이므로 외국어의 이용은 경제력에 꽤 지배받는다고 할 수 있다.

통권 198호 1998년 8월

일본어의
순위

C

나리타행 비행기에서

옆자리에 앉은 사람이 큰 일본어 교재를 읽고 있었다. 일본에 새롭게 부임하는 사람이냐고 물었더니 휴가차 가족 여행을 간다는 것이었다. 며칠만 머무를 뿐인데 사용할 만한 모든 회화문을 일일이 기억하는 것은 꽤 부담이 된다.

그래서 필자는 16개 국어의 80개 표현을 버튼만 누르면 들을 수 있는 전자수첩을 구입했다. 그런데 음성은 꽤 좋은 편이지만, 한 가지 문제가, "역은 어디입니까?"라고 전자수첩의 음성으로 물을 수는 있어도 결국은 현지어로 돌아오는 대답을 알아들을 수 없으니 과연 실용화될 수 있을지 의문스러웠다.

이렇게 전 세계 사람들이 돌아다니면 외국어의 필요성, 수요가 더 늘어날 것이다. 해외여행 경험이 있는 일본인이라면 일본어가 꽤 통하게 되었다거나 영어로 어떻게든 의사소통이 가능하게 되었다는 인상을 받을 수 있을 것이다. 하지만 이것은 관광객이나 일본인이 자주 가는 곳만 다녔기 때문에 그런 느낌이 든 것일지도 모른다.

현재 일본어는 아시아에서는 2번째나, 3, 4번째의 외국어로서의 지위를 얻고 있으며 유럽에서는 4번째 내지는 8번째의 언어라고 해도 무방하다. 이것은 관광지의 여행가이드나 상업 시설 직원들이 쓰는 안내 팸플릿이나 광고에 사용된 언어를 모아서 계산해 보면 짐작할 만한 사실이다.

하지만 일반 관광객들에게 잘 알려지지 않은 곳을 찾아가게 되면 그렇게 간단하지만은 않아서, 일본어는커녕 영어도 통하지 않는 곳이 있다.

국가별 GNP를 언어별로 집계해 보면 일본어는 영어에 이어 세계 2위이다. 비즈니스 세계에서 일본어가 더 사용되면 좋겠지만, 실제로 현재 국제 무역은 거의 영어를 공통어로 사용하고 있다.

구제할 방법은 세계 전체의 학력이 높아져 서로의 언어 학습이 왕성하게 되는 것이다. 그렇게 되면 앞으로 일본어도 해외에서 더 통용되게 될 것이며, 국내에서 일본어를 구사할 수 있는 외국인도 더 늘어날 것이다. '국어'가 일본인만을 상대로 하면서 안주할 수 있었던 시대는 이제 끝나 가고 있다.

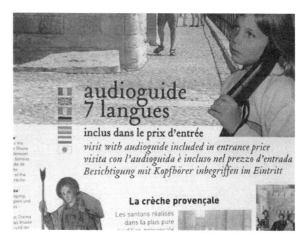

말의 정적情的
가치

C

일본인 대학원생이

어느 날 "제가 일본어를 잘한다고 칭찬받았어요."라며 싱글벙글했
다. 자세히는 모르지만 대학에서 주최하는 유학생 단체여행에 따라
가서 유학생들과 잡담을 하고 있었더니 숙소 직원이 "당신이 일본어
를 젤 잘하네요."라며 칭찬을 하더라는 것이다. 아마도 지방 출신이
라 사투리가 조금 섞여 있어서 일본인이라고는 생각하지 않았던 것
같다. "일본인치고는 서툴다는 의미가 아니었을까?"라고 했더니 "저
도 알고 있습니다."라며 뾰로통해졌다.

유학생은 지방에 가면 기분이 좋아진다. 왜냐하면 일본어를 잘한
다고 칭찬을 듣기 때문이다. 도쿄 인근에는 최근에 여러 나라 사람
들이 살게 되어서 이제는 외국인이 유창하게 일본어를 말해도 그다
지 감탄하지 않게 되었다.

지구상의 각 나라마다 차이가 있어서, 영어는 서툴게 말하면 그다
지 칭찬을 들을 수 없지만, 예를 들어 아시아의 작은 나라나 아프리
카에 가서 그 나라 말을 조금이라도 할 줄 알면 칭찬도 듣고 환영받
는다. 즉 정적인 가치가 높은 것이다. 아무래도 칭찬을 듣는 정도는
학습자의 수와 반비례하는 것 같다. 시장 가치가 높아도 학습자가

많은 언어는 서툴게 말하면 아무도 칭찬해 주지 않는다.

그런데 일본어는 왜 어렵다고 여겨지는 것일까? 아마도 그렇게 생각하는 편이 일본인 입장에서는 맘이 편하기 때문일 것이다. 옛날에는 일본어의 시장 가치가 낮아서 학습자도 적었고 완벽한 일본어를 쓰려는 사람도 적었다. 아마도 일본어가 어렵다고 주장하던 사람들은 일본어가 고생해서 배울만한 가치가 없는 언어이었다는 현실을 인정하지 않고 싶지 않았기 때문에 그렇게 주장했을 것이다. 그러고 보니 요즘에는 일본어가 어렵다는 논의 자체도 적어진 것 같다.

통권 199호 1998년 9월

헝가리의
언어경관

C

부다페스트의 공항을

나서자 거리의 표기가 온통 헝가리어여서 알파벳으로는 읽을 수 있었지만 의미는 전혀 알 수 없었다. 영어는 거의 눈에 띄지 않아서 극단적인 단일 언어경관이었다.

그러나 호텔에 도착해보니 사정이 달라졌다. 관광객용 팸플릿은 매우 다양한 다언어 표기였다. 심지어 안내방송이 30개 언어인 유람선도 있었다. 바로 팸플릿들을 모아서 컴퓨터에 입력하여 집계해보았다. 언어 조합의 종류를 헤아려, 사용된 언어를 살펴봤더니 영어, 독일어, 프랑스어, 이탈리아어, 스페인어 순으로 일본어는 6번째였다. 이것은 여행자용의 다언어인 것이다.

며칠 후 헝가리에서 머물던 아파트 근처의 슈퍼에서 물건을 사다가 깜짝 놀랐다. 성분표기는 다언어였지만 조합이 안내 팸플릿과 달라서 주로 구동구권의 언어들을 열거한 상품이 많았다. 헝가리에 머무르는 동안 가능한 한 많은 종류의 물건을 사려고 노력해서 상품 포장에 사용된 외국어의 조합을 컴퓨터에 입력했다. 헝가리어, 영어, 독일어 다음으로 체코어, 폴란드어, 러시아어, 크로아티아어가 많았다. 국내 약 1,000만 명의 시장으로는 너무 좁아서 구동구권 전체를 대상으로 하는 상품이 넘쳐나고 있는 것이다. 하지만 그 언어들 중에 일본어는 보이지 않았다. 이것은 생활자용의 다언어 표기로, 여러 가지 상품, 신기한 언어의 실제 예를 관찰할 수 있어서 즐거웠다.

그런데 4번째 패턴이 있었다. 헝가리 국철의 차체에 쓰여 있는 주의 표기는 러시아어, 독일어, 프랑스어, 이탈리아어와 헝가리어로, 영어가 없었다! 아마도 페레스토로이카 이전, 민주화 이전의 언어 경관을 보존하고 있는 것일 것이다. 화장실에 붙어 있는 '정차 중은 사용금지'라는 표기도 같은 조합이었다. 하지만 다양한 외국어로 적어 놓긴 해도 별 효과는 없다는 것을 선로에 떨어진 흰 휴지를 보고 알 수 있었다. 단 이런 종류의 관찰은 그다지 즐거운 일은 아니다.

통권 248호 2002년 4월

동구의
일본학

C

헝가리에서

조금 더 움직여서 동구권의 어떤 나라의 일본어 학자를 만났다. "페레스트로이카 이후 무엇이 달라졌습니까?"라고 물었더니 "나에게 있어서는 큰 변화였습니다."라고 대답했다. 예전에 몇 번 국제교류기금의 초대로 일본에 갈 뻔했는데 국외로 나가는 허가가 나오지 않았다고 한다.

"두뇌 유출을 두려워했겠죠."라든가 "국가 기밀을 알고 계신 거 아니세요?"라고 물었더니 그렇지는 않다고 한다. 일본에 가기 위해서 허위로 공산당원이 되는 것도 기분이 내키지 않았다고 한다.

그 때 러시아의 한 일화가 생각나서 얘기해 주었다.

큰 소리를 내며 소란을 피우던 술주정꾼이 경찰에 붙잡혔다. 술주정꾼이 "나는 술에 취해서 러시아의 대통령은 바보라고 말했을 뿐이다."라고 항의했더니 경찰이 차갑게 말했다. "너는 국가의 중대 기밀을 누설했다."

그 일본어 학자는 이 얘기를 듣고서는 박장대소를 하며 "그런 류의 얘기는 많이 알고 있어요."라고 말하더니 바로 이렇게 말했다. "아! 그래서 내가 일본에 갈 수 없었던 거였군요."

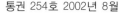

그러나 조금 아쉬웠다. "예를 들어 어떤 것이 있습니까?"라고 물으며 시간을 더 벌어 다른 일화를 많이 듣고 나서 내가 알고 있던 얘기를 해 주었더라면 좋았을 것을.

대학을 나와서 함께 걸어가고 있는데 거지가 있었다. 일본어 학자를 위로하려고 "1989년 이전에는 거지가 없었겠죠?"라고 말했더니 그는 더 강하게 고개를 흔들며 이렇게 대답했다. "그 때는 모두가 거지였죠."

그 일본어 학자는 일본에 있는 동안에 책을 많이 사서 집에 뒀는데, 일부러 책을 둘 공간을 확보하기 위해 집값이 싼 교외에 살아서 통근 시간이 오래 걸렸다고 한다.

그런 과거가 있긴 하지만, 예전엔 가는 것조차 힘들었던 나라에서 지금은 일본 방문이 가능하게 된 것이다. 비용은 국제교류기금이 부담한다고 하는데 일본어에 대한 예산의 용도로서는 효과적이라는 생각이 들었다.

통권 254호 2002년 8월

말의 박물관

C

국제학술대회에

참가할 때마다 박물관을 방문해서 다른 나라에서는 과연 언어를 어떻게 다루고 있는지 알아보려고 했다. 하지만, 의외로 언어와 관련된 전시물은 적었다. 박물관은 눈에 보이는 것을 전시하는 일이 중심이므로 언어와 같이 눈에 보이지 않는 것을 다루기란 어려운 것이다.

하지만 문자는 전시가 가능하므로 그런 코너가 있는 박물관도 몇 개국에 있었다. 각국의 오래된 문자의 실물은 자주 전시되는데, 인도처럼 국내에 문자의 종류가 많은 경우에는 역사적인 관계를 나타낸 도표도 있어서 알기 쉬웠다.

그러나 때로는 문자론의 관점에서 가치 있는 전시물이 무시받기도 하는데, 예전엔 단순한 모양으로만 여겨졌던 마야문자는 이제 해독이 가능하게 되었지만 실물을 본 적은 없었다. 미국의 박물관에는 마야문자가 새겨진 돌로 된 기둥이 전시되어 있어서 기쁜 마음으로 사진을 찍었는데 문자 해설은 의외로 간단했다. 그 후 멕시코의 국립박물관에서는 마야문자의 실물을 질릴 정도로 많이 봤지만 언어 그 자체에 관해서는 대략적인 해설 뿐이었다.

하와이의 박물관에서는 태평양의 언어들을 컴퓨터 조작으로 들을
수 있게 되어 있어서 즐거웠다. 그리고 파리의 박물관에서는 정보
통신의 관점에서 전시가 재미있었다.

여기저기를 다닌 후 생각이 나서 오사카에 있는 민족학박물관에
가보았다. 일본 각지의 구전 설화를 버튼을 누르면 들을 수 있게
되어 있어서 인기가 많았고, 세계의 다양한 언어의 샘플을 자유자재
로 들을 수 있는 코너도 있었다. 등잔 밑이 어둡다는 속담이 딱 맞아
서, 언어에 관해서는 일본의 전시가 최첨단이라는 사실을 알게 되
었다.

일전에 동경외국어대학이 창립 기념 겸 독립 기념일을 맞이하게
되었다. 교수회의에서 기념행사에 관한 계획이 발표되었는데 여러
안 중에 박물관을 만
들자는 안도 소개되
었다. 그런데 한 교
수가 들으란 듯이 말
하는 혼잣말로 인해
그 계획은 수포로 돌
아가고 말았다. "박물
관에 넣고 싶은 교수
는 많이 있지……"

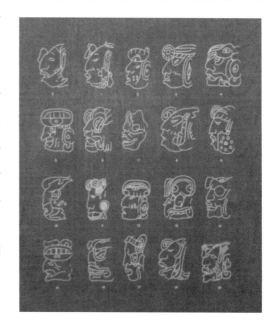

통권 219호 2000년 2월

박물관의
언어 서비스

C

국립박물관의

호쿠사이北斎 에도시대 화가전은 인기가 많았다. 줄서 있는 사람들 머리
사이로 겨우 보일 정도여서, 상세한 것은 보이지도 않았다. 가나를
알파벳 풍으로 가로로 써 놓은 것은 서양의 영향일 것이라고 짐작
할 수 있어서 재미있었지만 잘 보이지는 않았다. 백인일수百人一首의
그림에 관한 해설은 노래가 적혀 있었지만 오래되었고 글자도 작아
서 읽을 수 없었다. 아마도 해설이 활자체로 적혀 있었더라면 이해
가 더 쉬웠을 것이다.

그 다음으로 상설전시장에 갔는데, 최근에 발견된 철검에 새겨진
글자가 잘 닦여져 있었다. 하지만 작고 조명도 어두워서 이것 역시
제대로 읽을 수 없었다. 그런데 다른 나라 박물관에는 문자의 확대
사진이 전시되어 있는 경우도 있었다.

하지만 점토판의 설형문자는 좋았다. 별지에 직역과 영어역, 일본
어역이 적혀 있어서, 봉납문과 재산 목록이라는 것을 알 수 있었다.
이렇게 작은 문자로 용케도 적었다는 사실이 감탄스러웠다. 생각해
보니 뉴욕의 메트로폴리탄미술관에도 비슷한 해독 결과가 전시되어
있었는데 이것도 아마 전문가의 해독이었을 것이다.

생각해 보니 예전에 다테伊達 시의 우스젠코지有珠善光寺에 "염불상 인자인가念仏上人子引歌의 판목"이 전시되어 있었다. 염불에 아이누어 역을 히라가나로 적은 것인데 복사본은 전시되어 있지 않았다. 왼손 잡이인 다빈치와 달라 필자는 거울문자鏡文字*는 읽을 수 없었다. 중

* 상하는 그대로이고 좌우를 반전시킨 문자

요한 언어자료인데 읽을 수 없어서 실로 유감이었다. 그래서 적어도 그 정도의 서비스는 해 줬으면 좋겠다는 생각이 들었다.

동아시아의 미술품은 문자를 동반하는 것이 많은데, 과연 이것은 소유자와 감상자의 문맹률과도 관계가 있는 것일까?

그렇지만 읽을 수 없는 사람에게도 서비스를 해 줬으면 좋겠다. 컴퓨터로 다시 입력해서 큰 문자를 붙이는 것은 간단한 작업 이다. 국립박물관의 안내 문이나 팸플릿이 다언어 화된 것은 바람직하지만, 최근에는 일본어의 전통 이 단절된 경향이 있어서 국내의 일본인을 위한 언 어서비스도 필요하게 된 것이다.

아이누 자료관

C

삿포로로

오랜만에 출장 갈 기회가 생겼다. 이번에야말로 전부터 가보고 싶었던 니부타니ニ風谷 에 있는 아이누 자료관을 꼭 방문하기로 맘먹었다. 그러나 가는 버스도 몰랐고 인터넷만으로는 정보가 부족해서 전철 시각표를 사서 확인도 했다.

알아본 결과, 도쿄에서 비행기를 타고 가서 그 날 안에 자료관을 보고 삿포로 가는 것은 무리라는 것을 알 수 있었다. 그러나 하루 전에 도마코마이苫小牧 또는 도미카와(富川) 의 호텔에 머물면 JR 도미카와 역에서 오전 버스로 자료관에 도착해서 밤에는 삿포로 갈 수 있다 도쿄에도 돌아갈 수 있다 는 것을 확인했다.

그래서 아이누 자료관의 설립자로 아이누어의 화자이면서 기록자, 전승자이기도 한 가야노 시게루萱野茂 선생님에게 편지를 보냈다. 예전에 만난 적이 있다는 사실과 만약 댁에 계신다면 만나 뵙고 싶다고 썼다. 그리고 다른 용무가 있다면 그 쪽을 우선하셔도 상관없다는 내용도 썼다.

그런데 집을 나서기 직전에 TV에서 가야노 선생님이 돌아가셨다는 뉴스가 흘러 나왔다. 이제까지 몇 번이나 홋카이도北海道 에 갈 기회가 있었고 그 때마다 만나 뵐 계획을 세웠지만 시간을 낼 수 없어 단념하곤 했었는데, 결국엔 마지막 기회를 놓쳐 버린 것이다.

간발의 차이로 이제는 만날 뵐 수 없다는 생각에 허탈한 기분으로 자료관을 둘러보았다. 하지만 역시 직접 가보니 그 분의 생전의 활약상을 더 잘 알 수 있었다. 젊은 날의 가야노 선생님이 아이들에게 즐겁게 아이누 문화를 전하고 있는 비디오테이프도 볼 수 있어서 조금은 위안이 되었다.

니부타니에는 또 다른 구립 박물관도 있었고 볼만한 곳이 많았다. 오전에 도착해서 마지막 저녁 버스 시간까지 밖에 시간이 없었기 때문에 시간이 부족할 정도였다.

결국 가야노 선생님은 직접 만날 수 없었지만 그 분의 가족들과 얘기도 나눌 수가 있었다. 돌아가시기 직전에 편지를 읽어 주셨다는 사실을 듣고 팬으로서 조금 위안이 되었다. 소수 언어의 마지막 화자인 홋카이도의 거목이 쓰러지는 순간을 끝까지 지켜본 느낌이었다.

그 후 NHK 홋카이도의 추도 프로그램을 보았다. 가야노 선생님을 알고 난 후 젊은이들이 아이누어를 학습하게 되고 아이누 문화를 계승하고 있다는 장면이 방송되었다. 거목은 쓰러지기 전에 풍성한 씨를 뿌렸던 것이다. 거기에서 새로운 젊은 나무가 자라나려고 하고 있다. 합장.

통권 309호 2006년 7월

번역의 길이

C

빈에 간 김에

찰스부르크로 발길을 옮겼다. 찰스부르크성의 견학 방식은 관람객을 어느 정도 모아서 한꺼번에 들여보내는 시스템이었다. 일부러 다음 시간까지 기다려서 선두로 들어가, 각 언어의 음성 해설기 중에서 일본어를 골랐다. 설명을 들으면서 전시품을 보고 있는데 자꾸 추월하는 사람이 생겨났다. 그래서 결국에는 맨 마지막이 되었다.

직원이 맨 마지막에 따라 오며 다음 코너로 갈 때마다 바로 뒤에서 사슬을 이어서 온 길로 다시 되돌아갈 수 없도록 했다. 양떼 뒤에서 양치기 개가 양떼를 쫓고 있는 것 같아 도무지 안정이 되지 않았다.

자꾸 늦어져서 미안하다고 직원에게 말했더니, "일본인은 늘 늦어요."라고 하기에 처음에는 차별적인 발언이라고 생각했다. 하지만, 직원이 일본어 해설의 녹음이 길기 때문이라고 설명해 줘서 안심했다.

그렇다고 해도 내용은 같을 텐데 왜 일본어는 시간이 더 걸리는 것일까? 더 주의해서 들어봤지만 특별히 천천히 말하고 있는 것도 아니었고, 오히려 포즈 부분을 커트해서 무리하게 짧게 한 느낌마저 들었다.

　그러고 보니 위성 TV의 다중언어 뉴스에서 외국 뉴스를 일본어로 통역하면 말의 속도가 쉴 틈 없이 빨라지는 경향이 있다. 하지만 종합 TV의 다중언어 뉴스의 영어는 일본어의 긴 코멘트 사이의 타이밍을 보고 쉬엄쉬엄 끼어드는 느낌이 든다.

　같은 내용을 전달하는데 왜 일본어로는 시간이 더 걸리는 것일까?

　그 원인 중의 하나는 음절구조 때문이다. 일본어는 기본적으로 '1자음＋1모음'의 구조라서, 예를 들어 '스트라이크'는 5음절이 된다. 영어의 'strike'가 1음절인데 비하면 길어지는 것이다.

　또 다른 원인은 경어표현 때문일 것이다. 기내 서비스에서 일본인 객실 승무원은 "차 어떠십니까?"라고 길게 말하지만 서양인 객실 승무원은 "차, 차"라고 간결하게 말한다. 일본어는 경어 덕분에 길어지는 것이다.

　정말로 동일 내용, 동일 조건에서 일본어가 길어지는 것인지 확인하고 싶지만 이런 문제는 학생들의 리포트나 졸업논문으로 적당한 테마일 것이다. 음성 비교 데이터는 옛날에는 적었지만 요즘에는 TV에서 쉽게 접할 수 있으므로.

통권 305호 2006년 4월

언어선택권

C

고흐 전을

보러 갔을 때의 일이다. 먼 쪽에서 비디오 해설이 들렸는데 영어인 것 같았지만 잘 알아들을 수가 없었다. 가까이 가서야 영어가 아니라는 것을 알 수 있었다. 감기에 걸렸을 때의 기침소리와 같은 자음을 사용하는 것으로 봐서 네덜란드어인 것 같았다. 순간 언어학적 지식이 도움이 되었다고 기뻐했지만, 실은 고흐에 대해서 아는 사람이라면 누구나 조금만 생각하면 알 수 있는 사실이었다.

네덜란드어는 영어와 비슷하고 언어사적으로도 자매 관계에 있다. 네덜란드인에게 영어는 쉬운 언어이며, 네덜란드인이 능숙한 영어로 관광객에게 말을 거는 것도 당연한 일이다.

그런데 다른 나라에서도 외국인에게는 영어를 쓰는 경향이 있다. 스페인어가 가능한 일본인이 스페인 은행에서 스페인어로 얘기했는데 은행원은 영어로 대답했다고 한다. "자신의 영어 실력을 동료들에게 자랑하고 싶었던 거 아닐까요? 아니면 얼굴을 보고 자동적으로 영어가 나왔을 지도 모르고요."라고 말했다. 내심은 "당신이 스페인어를 너무 못했기 때문이 아닐까요?"라고 말하고 싶었지만 예의상 그렇게 말할 수는 없었다.

아프리카 언어를 전공한 지인의 얘기에 따르면, 아프리카 어느 나라의 관공서에서 현지어를 능숙하게 썼을 때는 하찮게 대접받았는데, 다른 날 영어로 말했을 때는 제대로 대접을 해 주더라는 것이었다. 즉, 언어에도 순위를 매기고 있는 것이다.

돌아가신 Grootaers 신부에 의하면, 상대가 할 수 있는 언어에 맞추는 것이 다언어 환경에서의 예의라고 한다. 호텔이라면 손님의 언어에 맞춘다. 그러나 일본인은 일본 국내에서도 외국인에게 영어로 말하고 싶어 한다.

그런데 이런 얘기를 했더니 어떤 미국인이 체험담을 들려주었다. 네덜란드의 호텔 프런트에서 직원이 하는 말을 알아들을 수가 없어서 정중한 영어로 "죄송합니다. 저는 네덜란드어를 모릅니다. 영어로 말씀해 주세요."라고 부탁했더니 직원이 화를 내면서 이렇게 말했다고 한다. "난 지금 영어로 말하고 있습니다만!"

통권 224호 2000년 6월

헝가리의
지하철

C

헝가리어를

배울 겨를도 없이 헝가리에 부임하게 되었다. 이왕 이렇게 된 거, 몇 개월 체류하면서 필요에 따라 헝가리어를 외우면 어떻게 되는지를 체험해 보기로 했다. 어쩌면 유아들의 언어 습득 과정을 체험해 볼 수도 있겠다는 생각이 들었다. 그래서 귀국할 때, 헝가리어를 어느 정도 외웠는지 같은 내용으로 비교해 보려고 계획을 세웠다.

문자로 적힌 것은 길거리의 다양한 표기를 기준으로 삼았는데, 다언어 표시라 대략적인 의미를 알 수 있었으며, 모르는 단어는 사전을 찾는 등, 유아와는 다른 학습법을 이용했으므로 결과적으로는 꽤 많이 외우게 되었다. 쇼핑할 때에도 상품에 다언어 표기가 많아서 별 어려움이 없었다.

헝가리에서는 1991년의 민주화 이후 인기 외국어가 크게 변했다. 예전에는 고등학교의 제2외국어로 러시아어가 1위였는데, 사실상 헝가리인은 예전부터 러시아를 싫어했기 때문에 러시아어를 진지하게 공부하지는 않았다고 한다. 민주화가 된 몇 년 뒤에는 영어를 선택하는 학교가 1위가 되었는데 현재의 다언어 표시도 영어가 압도적으로 많다.

　음성으로만 된 좋은 비교 자료는 부다페스트 지하철내의 안내 방송인데, 이 경우는 헝가리어뿐이었다. 처음에는 알아들을 수 없지만 익숙해지면 알아들을 수 있을 것이라고 기대했다. 실제로 "문이 닫힙니다."일 거라고 예상했더니 '닫힌다'는 단어가 들렸다. 그러나 다른 부분은 잘 알 수 없었다.

　귀국하기 직전에 연구실의 학생들에게 물어보았지만 학생들도 "주의해서 들은 적이 없다.", "뭐라고 하는지 모르겠다.", "지하철은 시끄러워서 잘 들리지 않는다."는 식이어서 매우 안타까웠다. 얘기를 나누고 있는데 한 학생이 "지하철은 러시아제라서 스피커의 음질도 좋지 않아요."라고 말해서 크게 웃었다.

　나중에 만났을 때에 생각이 나서 "재미있는 조크였어."라고 칭찬했더니 그 학생은 진지한 얼굴로 이렇게 답했다. "그건 농담이 아니었는데……"

통권 251호 2002년 6월

즐거운 언어학 산보

국제학술대회의 즐거움

그건 아주 중요한
문제군요.
나중에 얘기 나누죠.

어떻게
해?

가
르
쳐
주
세
요

국제학술대회의 영어

D

국제학술대회에

처음으로 참가하기로 결정했을 때의 일이다. F선생님이 영어 질문에 답할 수 있느냐고 묻기에, 그다지 자신이 없다고 말했더니 이렇게 하라고 가르쳐 주었다.

"이건 내 친구 얘기인데, 이 친구는 어떤 질문에도 '그것은 매우 중요한 문제로 나중에 얘기를 나눕시다.'라고 답한다고 하더군요."

'과연!' 이걸 암기해 두면 어떤 질문도 피해갈 수 있겠다는 생각이 들어 나중에 발표할 때 용기가 생겼다.

이번에 새롭게 깨달은 것인데 질문이나 의견은 대개의 경우는 발표자에게 맞춰 준다. 발표 내용에 의문이 있는 경우는 질문자 자신이 정보를 얻고 싶으므로 확실하고 간단한 영어로 천천히 묻고, 혹시 발표자의 대답이 예측을 빗나간 것이라면 다시 질문해 주기도 한다.

단순한 정보 제공의 의견은 어차피 그 자리에서 다 말할 수 없으므로 나중에 개인적으로 질문을 하기도 하므로 발표 때에는 흘려들어도 된다.

한편, 발표를 헐뜯는 의견은 말하는 본인도 흥분한 탓인지 발표자에게 전달되는지의 여부는 생각지도 않고 말의 속도도 빨라지는 경향이 있다. 이런 경우는 본인의 카타르시스, 청중에 대한 어필이 주목적이므로. 오히려 어학력이 떨어지는 발표자라면 더 다행스러운 일일 것이다. 왜냐하면 어떤 비난을 들어도 알아들을 수 없으므로. 이런 부류의 의견에는 "땡큐!"라고 대답하면 담화는 종료되기 때문이다.

하물며 모어화자끼리도 질문의 의도가 통하지 않거나 말의 앞뒤가 맞지 않는 경우가 허다하지 않은가. 이쪽의 영어 실력이 부족해서 의미가 통하지 않는 것과 오십보백보라고 말하고 싶다. 실제로는 일보백보의 차이, 하늘과 땅 차이일지도 모르지만.

어떤 국제학술대회의 간담회에서 젊은 여성이 "발표가 좋았어요."라고 말을 걸어오기에 "제가 잘 생겼기 때문입니까?"라고 되물었더니 "노!"라는 정직한 답변이 되돌아왔다. 중의적인 문장이어서 주위가 웃음바다가 되었다.

통권 215호 1999년 11월

질문 회피술

D

학생 때

학회 발표를 준비하고 있었더니 선배가 이렇게 가르쳐 주었다. 질문에 막힘이 없는 완벽한 발표를 목표로 해서는 안 된다, 오히려 질문이 하나도 없으면 무시당하고 있는 것으로 보이니깐 약간 빈틈을 만드는 게 좋다는 것이었다. 첫 발표에서는 때마침 적당한 질문이 있어서 제대로 대답할 수 있었는데, 아마 빈틈이 충분히 있었기 때문일 것이다.

　꽤 세월이 흘러 이공계 연구자와 공동연구로 발표할 기회가 생겼다. 발표 7분, 질의 응답이 3분이었는데, 7분 동안 발표를 했지만 끝나서도 아무도 질문을 하지 않는 것이었다. 사회자도 입을 다물고 있어서 공포의 침묵이 흘렀다.

　다음 발표자는 O 씨였다. 7분간의 명쾌한 발표가 끝났는데 이번에도, 역시 질문이 없었다. 그러자 그는 "질문이 없는 것 같으므로 제가 보충 설명을 드리자면……"이라고 명랑한 어조로 얘기를 더하고 질의 응답 시간이 끝났다. '이런 방법도 있었구나!'싶어 감탄스러웠다.

　학회에서의 질문은 있어도 곤란하고 없어도 곤란하다. O 씨의 방법을 응용하면 편할 것 같아서 최근에는 그 방법을 쓰기 시작했다. 예정된 시간 내에 마칠 수 있고, "마지막 부분은 시간 관계상 생략했는데, 만약 질의가 없으면 설명 드리겠습니다."라고 미리 선언하는 것이다. 몇 개의 질문을 받고 난 후, 더 이상 질문이 없을 것 같으면 자신의 페이스로 보충할 수 있다.

지난 번 국제학술대회에서 응용해 봤더니 꽤 괜찮았다. 질의응답 시간에 아는 사람이 "건너뛴 부분에서 무슨 말을 하고 싶었던 건지......"라고 물어줘서 준비했던 내용을 원어민 체크가 끝난 영어로 전달할 수 있었다. 이런 방법을 쓰면 질문자의 영어를 알아듣지 못했다거나, 준비된 원고를 읽지 않으면 영어가 엉터리라는 사실이 들통 날지도 모른다며 불안해하는 시간이 짧아지게 된다.

게다가 공포의 침묵의 시간을 줄일 수도 있고, 불편한 침묵을 깨기 위한 사회자의 질문도 받을 필요가 없을 뿐만 아니라, 또 심술궂은 질문도 피할 수 있다. 또한 인정이 너무 많아서 사소한 질문으로 시간을 끌려는 친절한 청중의 쓸데없는 배려도 받을 필요가 없다.

하지만 이 방법이 다른 사람들에게 알려져서는 곤란할 것 같다. 왜냐하면 '또 저 방법을 쓰고 있네.'라고 생각하기 때문이다. 그런 걸 신경 쓸 정도라면 이렇게 글로 쓰지 않았더라면 좋았으련만......

통권 300호 2005년 11월

사회의 즐거움

D

영어에서는

페미니즘운동으로 '사회자'가 '체어맨chairman'에서 '체어퍼슨chairperson',
더 나아가 '체어chair'로 변화했다. 최근에는 'moderator'라고도 한다
고 한다.

국제학술대회의 사회라고 하면 대단한 느낌이 드는데, 그럼에도
불구하고 먼 나라에서 온 참가자는 게으름을 피우지 않을 것이라는
주최 측의 단순한 생각으로 인해 사회를 의뢰 받는 경우도 있다.

처음에 부탁을 받았을 때는 긴장했지만 다른 분과회를 관찰했더
니 일본의 학회와 거의 비슷했다. "질문이나 의견이 있으십니까?"와
"시간이 다 됐습니다."라고 말하면 되는 것이다. 질문이 없을 때에는
직접 질문을 준비해서 계기를 만들기도 하고 칭찬을 하기도 하면
사회를 잘 보는 편이 된다.

파리의 국제학술대회에서는 회의 규모가 너무 커서 준비가 덜 된
탓인지, 분과회의 출석자에게 현장 실무자가 시작 직전에 말을 걸어
와 벼락치기로 그 날의 사회를 부탁하고 있었다. 아침에 발표를 듣
고 질문했던 것이 눈에 띄었는지 오후부의 사회를 부탁해 왔는데,
이쪽이 거절하면 주최 측이 곤란해 질 것은 안 봐도 알 수 있는 상황

이었다. 그래서 결국 "졸 수 없는 것은 유감이지만......"이라면서 제안을 받아들였다.

그런데 한 발표자가 러시아어로 발표를 한다는 것이었다. 체념하고 마음을 정리하며, "나는 러시아어는 모르지만 언제 시작해서 언제 끝나는지는 알 수 있으므로 사회를 계속 하겠습니다."라고 선언했다. 청중들은 대부분 나가고 남은 것은 러시아어를 아는 사람들뿐이었는데, 발표 내용 중, '인자분석' 등의 전문용어는 알아들을 수가 있었고 배포된 그래프로 내용도 대략 알 수 있었다.

발표자는 전원 여성이었고, 분과회는 무사히 끝났다. 예고 없이 갑자기 사회를 부탁한 현장 담당인 프랑스인이 답례로 칭찬해 주었다.

그 응답으로 "아름다운 여성들의 체어ᵉ의자를 할 수 있어서 행복했습니다."라고 말하며 손으로 엉덩이를 아래에서 위로 쓸어 올리는 동작을 했더니 모두들 웃어 주었다.

사실은 사회를 마쳤을 때에 청중들 앞에서 하고 싶었지만 성희롱으로 고소를 당할지도 모르는 일이므로 삼가고 있었다. 마지막에 조크를 보여줄 수 있어서 다행이었다.

통권 230호 2000년 11월

한마디의 효과

D

국제학술대회의

좋은 점은 최신의 연구 성과를 접할 수 있다는 점도 있지만, 이 밖에
도 같은 관심사를 가진 사람들과 술을 마시고 얘기를 나눌 수 있다
는 점도 있다.

　파리에서 열렸던 국제학술대회의 송별만찬회에서의 일이다. 풀코
스로 프랑스요리를 즐길 예정이었지만 주최 측이 참가자 수를 잘못
계산해서 참가자가 너무 많아 잠시 자리를 비운 사이에 자리가 없어
져 버렸다. 누군가가 주최 측이 레스토랑과 교섭하고 있다고는 말했
지만, 예약한 숫자밖에 요리가 없었고 다른 요리를 시킨 손님이 같
은 회장에 섞이는 것도 곤란하다고 해서, 결국 10여명이 아래층에서
다른 코스의 요리를 먹기로 했다.

　주빈이나 지인들과 떨어지게 되어 서로 얼굴도 모르는 사람들이
모여 불평불만을 늘어놓는 회식을 하게 된 것이다. 홧김에 마시는
술은 좋지 않으므로, 가능하면 긍정적으로 생각하려는 취지에서 "의
미 없는 스피치를 듣지 않게 되어 다행이에요."라고 말해 봤지만
분위기는 별로 나아지지 않았다.

　그 뒤 가까이에 앉아 있던 독일 여성 연구자가 주위의 몇 사람과

"The best of the members 최고의 멤버들 에게 건배!"라고 했다. 과연 적절한 표현이라고 생각했다. 그래서 전원에게 들리도록 반복해서 건배의 축사를 부탁했다.

세상일은 말하기 나름이고 생각하기 나름이다. 그 한마디의 효과는 커서 그 후로는 분위기가 살아났다. 하긴 어쩌면 다들 슬슬 취기가 돌기 시작했기 때문일 수도 있겠지만……

진정한 베스트 멤버는 누구일까? 라는 얘기가 화제가 되었다. 언어학자를 예로 들기 어려웠는데 긴 토론 끝에 가장 유명한 언어학자는 근대 언어학의 창시자인 소쉬르라는 결론이 내려졌다. 소쉬르거리가 파리 북부에 있다고 해서 가지고 있던 지도로 위치를 확인해 보았다. 조상의 땅인 쥬네브에도 있을 것이라고 알아보지도 않고! 모두의 의견이 일치했다.

진정한 베스트 멤버인 소쉬르에는 못 미치지만 말 한마디 덕분에 즐거워진 저녁 식사였다.

통권 223호 2000년 5월

캐나다
언어 사정

D

퀘벡에서의

국제학술대회가 끝난 후, 낮에 모였던 연구자들이 의기투합해서 택시를 합승해서 각자의 호텔로 돌아가기로 했다. 택시 기사의 운전이 이상하게도 거칠어서 옆에 앉은 동료에게 물어보았다.

"혹시 영어 밖에 못하는 아시아인이 합승해서 기분이 나빠진 게 아닐까요?"

그는 신중하게 생각하고선 운전기사에게 프랑스어로 천천히 말을 걸었다. 세상 돌아가는 시시한 얘기였지만 운전기사가 프랑스어로 대답하며 운전은 한결 부드러워졌다.

전날 밤의 일을 떠올렸다. 전부터 알고 지내던 캐나다인 연구자가 자기 고향이라면서 식사자리에 초대해 주었다. 이미 공소시효가 지났을 것 같아 굳이 쓰지만, 와인을 꽤 마신 상태에서 직접 운전해서 번화가로 향했다. 캐나다 법률에서는 음주운전이 아니라고 주장하면서.

겨우 좋은 가게를 발견하고 자리에 앉았더니 같이 간 여성이 지난번에 입장을 거절당한 곳이라면서 불쾌한 듯이 말했다. 레스토랑 입구에서 당신은 프랑스어를 못하므로 안 된다는 말을 들었다는 것

이었다. 멤버가 모두 사회언어학이 전공이다 보니, 캐나다 사투리인
영어라서 그런 것 아닐까?, 미국사투리, 영국사투리의 영어였다면
외국인이니깐 허락하지 않았을까? 라는 등 얘기가 무르익었다. 오히
려 한눈에 봐도 아시아인이라는 것을 알 수 있는 사람이, 게다가
서툰 영어로 말을 걸면 관광객으로 알고 들여보내 주지 않았을까?
라는 얘기도 나왔다. 실험을 위해 일어서려고 했지만 이미 와인이
나왔기 때문에 새삼스럽게 가게를 나가서 실험할 수도 없는 노릇이
었다. 또, 다 마신 후에는 술기운으로 인해, 실험을 해 보려던 생각
자체를 완전히 잊어 버렸다.

퀘벡 주는 원래 프랑스인이 개척한 곳으로 프랑스어의 세력이 강해,

프랑스어가 주의 공용
어로도 사용되고 있다.
세상에는 애국자가 참
많아서 상대와 같은 언
어를 쓰면 친해질 수
있는 것이다.

통권 231호 2000년 12월

요약 필기

D

헝가리에

도착하니 오래된 지인인 연구자가 곧 방언학회가 열린다고 알려 주었다. 참가하고 싶다고 말했더니 그 지인은 "발표는 헝가리어로만 하는데 알아들을 수 있으시겠어요?"라고 확인하는 것이었다. "지도나 그래프를 보고 전문용어를 들으면 내용을 대충 짐작할 수 있어요. 일본어로 하는 발표라도 이해할 수 없는 것이 있는 걸요."라고 말했더니 "그건 헝가리에서도 마찬가지예요."라면서 웃으며 참가 수속을 해 주었다.

보고 듣는 것만으로도 공부가 된다고 생각했는데, 주최 측이 이쪽을 배려해서 오후부터는 통역을 붙여 준다고 하는 것이었다. "그렇게까지 해 주시면 너무 죄송하니까 신경 쓰시지 마세요." 라고 말했지만 약속대로 오후에 통역이 나타났다. "영어 교사지만 영어를 쓸 기회가 없으니깐 통역을 하게 해 주세요."라며 울듯이 말하는 것이었다.

통역자는 굉장한 미인으로, 신경을 써 준 헝가리인 연구자가 "통역자를 즐기세요, 농담이지만······ " 이라고 말할 정도였다. "통역자보다도 발표 내용이 더 중요하죠."라고 진지하게 대답할 작정이었지

만, 물론 표정에는 진심이 드러났을 것이다.

좁은 장소에서 통역하는 소리가 들리면 실례가 되므로, 그녀가 영어로 메모를 하는 방법을 취했다. 이쪽은 옆에서 보고 읽는 방식인데 헝가리어의 발표 내용을 영어로 요약하는 데 그 요약이 실로 훌륭했다. 때로는 "지금은 예를 들고 있어요."라고 소곤거리며 휴식을 취했다.

동시통역이 있는 국제회의에 참가한 적도 있지만 내용을 건너뛰기도 하고 통역이 부정확하거나 전문용어가 오역되기도 해서, 정보량이 많은데 비해 내용을 파악하기 힘든 경우도 있었다. 하지만 이번과 같은 학술대회의 요약 필기는 필요한 정보만 전달되고, 게다가 기록이 남으므로 OHP를 사용하면 참석자가 많은 국제학술대회에서도 사용할 수 있을 것 같았다. 짧은 체험이었지만 좋은 교훈을 얻을 수 있었다.

통권 247호 2002년 3월

요리의 순서

D

프라하에서의

국제학술대회의 뷔페 파티에서의 일이다. 음식 수도 적었고 이제 끝난 것 같아 돌아갈까?라고 생각했더니 웨이터가 추가 음식을 가지고 오고 그 음식이 옮겨진 후 또 음식을 가지고 오는 것이었다. 이런 식으로 하면 적은 음식으로 시간을 때울 수 있을 것 같았다. 일본의 뷔페 파티에서 음식이 도중에 부족하거나 반대로 마지막에 음식이 남는 것에 비하면 훨씬 나은 것 같았다. 체코인에게 물어봤더니 체코의 파티는 늘 이런 방식이라고 한다.

이런 얘기에서 시작되어 나중에는 유럽의 요리사가 일본인 단체 손님을 싫어한다는 얘기가 화제가 되었다. 레스토랑에서 일본인들이 스프를 된장찌개처럼 메인요리와 함께 먹으려고 남기곤 하는데, 웨이터가 다음 음식을 준비하기 위해 스프를 치우려다가 트러블이 생기는 경우가 있기 때문이라고 한다.

이것을 계기로 요리의 순서에 관한 얘기로 화제가 바뀌었다. 일본의 연회에서는 개인상에 음식이 모두 배열되어 있으므로, 전체를 다 볼 수 있고 어떤 순서로 먹을지도 본인의 자유로 여러 요리를 동시진행으로 먹을 수도 있다.

하지만 서양요리에서는 원칙적으로 한 접시씩 차례대로 가져오므로 순서를 자유롭게 바꿀 수 없다. 전체가 보이지 않으므로 나이프나 포크가 남아 있는 정도로 마지막을 예측할 수 밖에 없다. 하긴 호화스런 코스 요리인 경우는 끝났다고 생각해도 또 나이프와 포크가 추가되는 경우가 있어서 끝을 예측하기 어렵지만······

중화요리에서도 요리는 순서대로 옮겨지지만 대부분의 요리가 회전테이블에 배열되므로 순서는 자유이다. 같은 젓가락을 사용하고 앞 접시도 많이 놓여 있어서 언제 끝날지 예측이 어렵지만 밥이나 디저트가 나오면 이제 끝이라는 것을 알 수 있다. '석별의 정'이라는 노래처럼 기호의 역할을 하는 셈이다.

먹는 순서에 관한 이런 얘기를 한 후 상대의 전공 분야를 물었더니 '어순'이라는 것이었다. 음식 얘기로 분위기가 고조되었다고 생각했더니, 아나나 다를까 결국은 언어학 얘기를 하고 있었던 셈이다.

일본어의 회화 장면에서는 자유로운 어순으로 얘기할 수 있지만, 영어나 중국어 등은 어순이 문법적으로 중요하므로 맘대로 바꿀 수 없다. 어순의 자유로움과 요리의 순서가 관계가 있다면 재미있겠지만 그렇게 단순하지만은 않은 것 같다.

러시아
일일
관광의 꿈

D

2002년

핀란드에서의 방언학 국제학술대회의 단체 여행은 러시아에 있는
핀란드어권으로의 일일 관광이었다. 각자가 자국에서 비자를 받아
야 한다는 통지가 왔는데, 학회 본부가 보낸 두 종류의 문서에는
'무장하고' 대사관에 가세요! 라고 적혀 있었다.

　그래서 짬을 내서 러시아대사관에 가긴 갔는데, 오래 기다렸을
뿐만 아니라 추가 서류도 요구하는 것이었다. 그 이유는 러시아 영
토의 지명은 핀란드풍이 아니라 러시아 풍으로 써야 한다는 것이었
다. 학회 측과 팩스를 주고받으며 수정을 해서 다시 신청하러 올
시간이 없을 것 같아서 혹시나 하는 생각에 한번 졸라보기로 했다.
영어로 '모스코우MOSCOW', '세인트 피터스버그Saint Peterburg'라고 쓰
는 것을 허락하지 않는가? 핀란드 서류에 핀란드어 풍으로 쓰여 있
어도 어쩔 수 없지 않느냐고 주장했다. 그러나 그것은 별개의 문제
라며 차갑게 대답할 뿐, 앞뒤가 맞지 않았다. 결국 러시아 방문은
포기하게 되었다. 방문 예정지는 러시아와 핀란드의 국경의 변동이
있었던 곳이었다. 일본과 북방 영토 문제가 있기 때문에 민감하게
일본인을 입국시키지 않으려고 한 것일까? 라는 생각도 들었다.

학술대회 때, 다른 일본인 참가자에게 물어보았더니, H 씨는 철자가 문제가 되었는데, 음운론을 내세워 설명을 했지만 소용이 없었다고 한다. F 씨는 여행자 번호와 일정표에 적힌 이름이 문제가 되었는데 여행사 직원이 서류를 다시 만들어 줘서 통과가 되었다고 한다. 그래서 학회 본부 측에 러시아 비자를 받지 못한 사람이 어느 정도 있는지 물어보았다. 일본인 이외에도 캐나다와 벨기에서 온 참가자가 비자를 받지 못한 사람들이 있다는 얘기를 해 주었다. 다른 나라 사람들도 포기했다는 사실을 나중에 알게 되어 일본의 영토 문제가 원인이 된 것이 아니라는 것을 알 수 있었다.

캐나다인의 예는 유명한 사회언어학자 부부의 얘기이다. 그 연구자는 왜 러시아가 입국심사가 까다로운지 H 씨와 얘기했었다고 한다. 불충분한 서류를 고치게 하면 날짜가 많이 걸려서 출국 직전에야 신청이 가능하게 되므로 결국 시간이 부족해서 1일 교부로 신청하고 그러면 수수료를 비싸게 받을 수 있고 수입도 는다는 정곡을 찌르는 해석이었다. 그리고 보니 1주일 교부와 1일 교부의 수수료의 가격 차이는 5배로, 수정하는 데도 추가비용이 들었다.

"과연 캐나다의 사회언어학자는 사회에 대한 통찰력이 뛰어나다." 라고 칭찬했더니 사실은 부인의 의견이라는 것이었다.

그런데 1일 관광하는 당일 날 일행은 밤늦게 돌아왔다. 오고 갈 때 국경에서의 서류 심사가 1시간 반에 걸쳐 꼼꼼하게 이루어졌다는 등 불평들이 많았는데, 러시아에 갈 수 없었던 우리들로서는 "그래도 돌아오셔서 다행이네요."라고 위로(?)해 주었다.

이름의
로마자표기

D

INOUE라는

이름은 모음이 3개 연속되어서 영어권 사람들은 발음하기 어려워한다. 전철 안에서 문득 'In no way'에 대응시키면 되겠다는 생각이 들었다. '결코'라는 의미이다.

영국의 대학에 있었을 때, 한술 더 떠 이름의 'Fumio'도 'Fool me oh'로 하면 되겠다는 생각이 들었다. 자음의 'f'는 어차피 그다지 발음되지 않으므로 합쳐서 'Fool me, oh, In no way! 결코 나를 바보 취급하지 마'라는 문장이 되었다. 연구실 문에 'Fumio INOUE'와 나란히 적어 두었더니 어느 날 문을 노크하는 사람이 있었다. 그 사람 왈 "그냥 재밌는 이름이라서 얼굴이 보고 싶었다"는 것이었다.

국제학술대회에서 발표를 시작하기 전에 OHP 첫 장에 적어서 분위기를 부드럽게 하는데 사용하고 있는데, 덕분에 기억을 잘 해 준다. 네덜란드에서는 학회가 끝난 후, 미술관에 갔다가 돌아오는 길에 노천카페에서 맥주를 마시는 동료를 발견하고선 동석하게 되었다. 그런데, 비슷한 행동을 하는 참가자가 계속 지나가서 멤버가 계속 늘어났다. 그 중 한 사람에게 명함 대신에 'Fool me, oh, In no way!'라고 쓰인 명찰을 보여 줬더니 "아아, 당신이 그 분이군요."라며 모두들 박장대소했다. 잡담 중에 아시아에서 재밌는 이름의 소유자가 왔다는 얘기가 나왔던 모양이었다.

미국의 어떤 연구자는 메일로 'Dear In no way'라고 적어 보낸다. 아무리 그래도 'Dear Fool'은 아닌 것 같다.

영어에 발음을 대응시켜서 의미 있는 이름을 만드는 것은 힘들 거라고 생각했는데 한국에 가서 두 손 두 발을 다 들었다. 박 씨 성의 사람이 영어로 'Park Soon Young 박순영'이라고 이름을 말하는 것이었다. 아마도 '늙지 않는 샘물'과 같은 공원일 것이다.

이런 종류의 얘기는 이름 말고도 얼마든지 있다. 시부야에 있는 과일가게의 포장지에는 예전에 '이이토모와 후르츠 いい友はフルツー, 좋은 친구는 과일'와 나란히 'Eat more fruits'라고 적혀 있었다.

또한 오키隱岐의 관광 포럼에는 'Woo me war heroin a oh key not. To key got no bowl sea he got sea zoom.' 운운이라고 쓰인 것이 있었다. 일본인은 영어까지도 언어유희의 도구로 삼고 있는 것이다. 물론 의미는 '바다는 넓고 크고 달이 뜨고 해가 진다 海は広いな 大きいな 月がのぼるし 日がしずむ'이다.

즐거운 언어학 산보

방언의
재미

방언 관찰

E

여행갈 때마다

기념품점에서 방언과 관련된 기념품을 사는 것이 취미가 되었다.
전국 각지의 기념품을 모아서 지도로 만들어 보았더니 재미있는 경
향도 발견되었다. 방언 기념품이 만들어지는 요인은 우선 방언에
특수성이 있어야 하고 관광객이 많아야 한다는 점이다.

　실물을 모두 사는 것이 이상적이지만 방언 그릇처럼 색상이 다양
한 경우는 일부분만 사고 나머지는 사진으로만 기록을 남기는 경우
도 있다. 특히 과자 같은 것은 부피도 크고 어차피 포장과 내용물을
모두 냉장고에 영구 보존할 수도 없는 것이다.

　언젠가 야마구치山口 에서 학회가 있었을 때, 밤에는 아무 행사도
없었기 때문에 기념품점을 돌면서 방언과 관련된 상품을 찾고 있었
다. 옛날 과자 봉지에 야마구치 방언이 한 단어씩 쓰인 것을 발견했
지만 모든 종류를 다 사는 것은 양도 너무 많고, 방언 한 단어에
수백 엔을 소비하는 것도 비경제적이라고 생각했다. 그래서 한 봉지
만 사고 나머지는 사진을 찍게 해 달라고 가게주인에게 부탁했다.

　미안한 마음도 들었고 너무 뻔뻔스러운 것 같아서 망설였지만 가
게 주인은 흔쾌히 허락해 주고 사진이 잘 나오도록 배열에까지 신경

을 써 주는 것이었다.

"아뇨, 그렇게까지 수고를 하지 않으셔도 괜찮습니다."라고 사양했지만 그는 깨끗하게 진열해 주었다.

그런데 다음날 사회언어학자인 S 씨를 만났더니 "이노우에 선생님, 어제 과자 봉지를 찍고 계셨죠?"라는 것이었다. 우연히 지나가는데 이노우에가 이상한 행동을 하고 있기에 방언 연구자는 어떤 식으로 행동하는가를 계속 관찰했다는 것이었다.

그런데 수 주일 후 S 씨를 만났더니 후일담이 더 있었다고 알려주었다. 그 때에 모 국립기관의 연구자는 사회언어학자 S 씨가 가게 안을 들여다보고 있는 것을 발견하고 사회언어학자는 어떤 행동을 관찰하는지를 관찰했다고 한다.

라쿠고 落語,만담의 한 구절이 떠올랐다.

"세상에 참 한가한 사람도 많아서 낚시하는 사람을 하루 종일 바라보는 사람이 있다니깐."

"넌 뭘 했는데?"
"난 그 사람을 하루 종일 보고 있었지."

통권 268호 2003년 8월

신방언
'기모치이
気持ちい, 기분 좋다'

E

강연이 끝난 후

청중 중 한 사람이 질문을 했다. '기모치요캇따気持ちよかった, 기분 좋았
다'를 '기모치캇따キモチカッタ'라고 하는 초등학생이 있는데 이것도 신
방언입니까? 라는 질문이었다. "그건 전형적인 신방언인 것 같은데
요? 확인해 보죠."라고 대답해 두었다.

그 후 신방언을 연구하는 Y군을 만났을 때, 그러면 꿈속에서라도
이 말을 들었음에 틀림없을 것이라고 기대하고 바로 물어보았다.
그런데 Y군은 별 흥미도 보이지 않고 흘려듣 듯이 수긍하면서 컴퓨
터의 화면을 힐끗힐끗 보고 있었다. 그러다가 이렇게 말하는 것이
었다.

"확실히 용례가 있네요. 1개. 어! 홋카이도의 학생이네요." 이쪽
얘기를 들으면서 인터넷 검색 사이트인 goo에서 용례를 바로 찾고
있었던 것이다. '기모치이キモチイ'와 '기모치쿠나이キモチクナイ, 기분이 좋
지 않다'의 용례도 바로 검색되었다.

다음날 수업에서 예전에는 사용 실태를 알아보기 위해 수업 중에
거수를 시키는 것이 손쉬운 방법이었지만 지금은 인터넷이 유효하
다는 체험담을 들려주었다. 그래도 혹시나 싶어 거수를 하게 했더니

'기모치이'라고 말한다는 학생이 몇 명 있었다. 그 중 한 학생은 수업 후에 "도쿄에서 쓰지 않습니까? 이제까지 당연하게 쓰는 줄 알았는데……"라는 것이었다. 그 학생은 아이치愛知현 출신이었고, 그 밖에도 이바라키茨城 출신인 부모님이 쓴다는 학생, 히로시마에서도 쓴다는 학생이 있었다.

'요이ヨイ, 좋다'는 에도江戸 시대에 '이이ィィ'로 변했고, 그 후 '기모치요이キモチヨイ'도 '기모치이이キモチィィ'로 변했다. 모음 'ィ 이'가 세 개나 연속되므로 평소에 발음할 때는 '기모치이'로 단축되는 경우도 자주 있다. 이것은 현대 일본어의 형용사가 그만큼 건강하다는 증거일 것이다.

이런 변화는 지방에서 먼저 일어났고 최근에 도쿄의 젊은 층들 사이에서 퍼지고 있는 것 같다. 또 다른 신방언의 예를 발견한 것으로 언어 변화는 계속해서 일어난다는 증거가 된다. 전파되는 모습을 알 수 있다는 즐거움도 있어서 이것이야말로 기모치이!

기분 좋다!

그 후 문화청의 '국어에 관한 여론 조사'를 통해서 사용 양상도 알 수 있게 되었다.

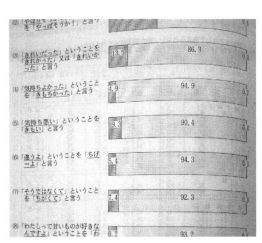

쇼나이庄內의
신방언

E

최근에

공동연구로 일본해 쪽의 각지에서 연령층별로 면접조사를 계속 실시하고 있다. 2005년에는 필자의 고향인 야먀가타山形 현 쇼나이庄內 지방에서 조사가 실시되었다.

중학생 조사는 재미있었다. 2, 30년 전에 중학생에서부터 노년층까지를 조사한 이후 오랜만이었다. 이제까지 거리나 지하철에서의 체험으로 젊은이들의 말이 많이 달라졌다는 것을 느낄 수 있었지만, 직접 하나하나 물어보고 그 변화를 실감할 수 있었다. 공통어화가 진행되고 있는 한편으로 새로운 방언도 또 태어나고 있는 것이었다.

최대의 수확은 '베ベ'의 전파였다. 이번에 조사했더니 쇼나이 각지의 중학생이 '베'를 쓰고 있었다. '이구베いぐべ', '이이베いいべ' 등이 그 예인데, 예전에는 동북지방 중에서도 쇼나이 지방은 '베ベ'를 사용하지 않고 공통어와 마찬가지로 '이코いこう, 가자', '이이다로いいだろう, 좋잖아'의 '우う' 계통을 사용했었다. 성인도 '베'를 쓰기 시작했다는 사실은 10년 정도 전에 눈치 채고 있었다. 초등학교 동창회 모임에서 쓰루오카鶴岡 출신인 동창생이 야마가타山形 시로 부임한 후, '베'를 사용하는 것을 목격했던 것이다. 야마가타현 내륙지방에서 '베'를

사용하므로 그 영향을 받은 것일 것이다.

2005년에는 시부야渋谷의 여고생들이 메일은 물론이고 구어체에서도 각지의 방언을 섞어 쓰는 것이 화제가 되었다. 그런데 성인인 매스컴 관계자들이 '베'를 사용한다는 것은 수년 전부터 보고가 있었다. 즉, 도쿄와 쇼나이 양쪽에서 거의 동시에 '베'를 쓰기 시작한 것으로 게다가 젊은 층과 중학생이 쓰기 전에 저류로써 성인이 사용하고 있는 것이었다.

이 밖에도 중학생들 사이에 신방언이 퍼지고 있었다. 옛날에는 "이누가라 봇카게라에다犬がらぼっかげらえだ, 개가 쫓아왔다."와 같이 말했었는데 지금은 "이누사 옷카게라이다犬さおっかげらいだ"와 같이 '사さ'를 사용한다. 즉 '샤'의 용법이 퍼진 것이다.

신방언은 아직도 발견되고 있는데 방언에 활력이 있다는 것은 즐거운 일이다. 신방언이 어디까지 계속 퍼질 것인지 추적조사의 즐거움이 있다.

무엇보다도 30년 전, 40년 전 데이터가 수중에 있다는 것은 고마운 일이다. 해가 지나면 지날수록 자료가 오래되어서 가치를 더하게 되는데 단, 해가 지날수록 조사를 한 당사자도 나이를 먹어 간다는 것은 안타까운 일이다.

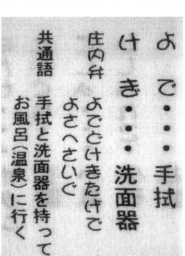

共通語　手拭と洗面器を持って　お風呂（温泉）に行く
庄内弁　よでとけきだけで　よさへさいぐ
よで・・・手拭
け・・・
き・・・洗面器

통권 302호 2006년 1월

다이묘大名
조사

E

문득 옛날에

했던 방언조사가 생각났다. 조용한 강가의 숙소에 머물면서 교육위
원회에 계신 분이 차로 피조사자 집에 함께 가서 준비해 간 선물을
드리고, 조사에 적절한 사람도 이미 찾아 둔 상태에다가 일정도 느
슨했고 너무 편안한 조사였다. 1970년 K 선생님 지도하에 실시했던
이치카와市川 조사로 당시의 대학원생들은 이 조사를 '다이묘大名 조
사귀족조사'라고 불렀다.

　이 조사가 생각난 것은 2005년의 야마가타山形현의 방언조사가
계기였다. F대학의 H 선생님의 세심한 배려로 효율적으로 조사를
진행시킬 수 있었다. 무엇보다도 날짜와 장소, 버스 시간을 미리 알
아봐 두셔서 한 세트씩 봉투에 담고 조사용품을 각 지점별로 준비해
두었기 때문에, 각자가 그 봉투를 가지고 가면 볼 일이 끝나는 형식
이었다. 예전의 '다이묘 조사'에서 이름을 따서 '고부교御奉行*조사'라
고 명명했다.

* 상사의 명을 받들어 사무를 집행하는 사람.

　실은 '고부교'라고 명명한 까닭은 조사 장소가 주민회관이나 커뮤
니티 센터인 경우가 많아서 상대를 법정으로 불러내는 느낌도 들었

기 때문이다. 조사에 응해주시는 분들을 불러내는 것은 예의가 아니어서 이제까지는 자택을 방문해서 조사하는 것이 일반적이었다. 조사가 끝난 후, 죄송한 마음을 담아서 "일부러 여기까지 오시게 해서 죄송합니다."라고 말하며 상대방의 반응을 살폈지만 상대방은 그다지 신경을 쓰지 않는 눈치였다.

옛날에는 방언을 부끄럽게 생각하는 사람도 있어서 가능한 한 편안하게 조사를 할 수 있도록 자택에서 조사를 하곤 했었다. 하지만 지금은 방언을 귀중한 문화유산으로 여기는 사람도 많고 부끄럽게 여기며 숨기려는 사람도 없다. 또한 자택에서 다과를 준비하는 수고도 줄이므로 오히려 주민회관 등에서 조사에 응하는 것이 신경도 덜 쓰이고 더 편안한 것이다.

이제까지의 조사에서는 조사요원이 직접 시각표를 알아보고 조사용품을 필요한 양만큼 직접 가져가는 방식으로, 때로는 약속시간도 직접 전화를 걸어 잡기도 해서 조사에 상당한 시간과 노력이 필요했다. 이런 조사는 '아시가루足輕*조사'라고 이름 붙일 수 있겠다.

* 중세, 근세에 평소에는 잡역을 하다가 전시에는 병사가 되는 최하급의 무사를 가리킴.

입과 엉덩이가 가벼운 것은 문제가 있겠지만 다리와 몸이 가벼운 것은 바람직한 현상이다. 방언화자를 '방언의 선생님'으로 생각하고 상전처럼 모시는 마음가짐에서 보면 '아시가루'로서의 겸허함을 잊어서는 안 될 것이다.

통권 303호 2006년 2월

배달되지 않는
편지

E

방언조사가

끝난 후 감사편지를 보냈는데, 며칠이 지나서 한 통이 되돌아왔다. I현 M 방송국의 스탬프가 찍혀 있었고 받는 사람은 시市의 주민회관이었는데 반송 사유가 '전송 기간 경과로 반송됩니다.'라고 적혀 있었다. 조사를 직접 한 대학원생에게 물어봤더니, 실제로 거기에 조사하러 갔었고, 지도대로여서 편지가 가지 않을 리가 없다는 것이었다. 그래서 다시 보내려고 주민회관에 전화를 걸어서 주소를 확인하려고 했더니 그 사이에 주민회관이 이전을 했다는 것이었다. 사정을 설명하고 새 주소를 물어보긴 했지만 감사편지의 우표 값보다 전화비가 더 많이 든 건 아닐까? 라는 생각도 들었다.

그 후에 반송된 이유를 잘 알아 볼 수 있도록 붉은 색으로 주소를 정정하고, 다시 우표를 붙여서 보냈는데도 같은 편지가 또 반송되어 왔다. 이유는 역시 '전송 기간 경과로 반송됩니다.'라는 도장이 찍혀 있었다. 공동조사에 참가한 대학원생들은 "새 주소가 적혀 있는데 반송되는 것은 이상하다.", "애당초 공공기관에 보낸 건데 반송되는 것 자체가 이상하다.", "역시 우편사업은 민영화되어야 한다." 등등 다양하고 신랄한 의견이 오갔다.

문득 장난기가 발동했다. 편지가 되돌아온다는 것은 보내는 사람의 주소를 알고 있기 때문이므로, 아마도 이쪽 주소를 아예 쓰지 않으면 절대로 되돌아오지 않을 것 같았다.

생각해 보니 영국에서 편지를 보낼 때 보내는 사람의 주소를 쓰지 않는 것을 보고 놀란 적이 있다. 일본에서 영어로 편지 쓰는 법을 가르칠 때는 보내는 사람의 주소를 왼쪽 위에 쓴다고 가르치지만 우편제도의 발상지인 영국에서는 지켜지지 않는 것이다. 우편도 커뮤니케이션 행동 중의 하나로, 보내는 사람이 없는 편지는 발화자가 불명확한 말과 같아서 부자연스럽다. 하지만 돌아온 편지가 또 다시 반송되는 것도 더 이상 참을 수가 없을 것 같아서 이번에는 아무 것도 적지 않은 봉투에, 두 번이나 우표를 붙여서 보낸 지금까지의 사정을 적은 종이를 함께 넣어서 I현 M국의 우체국장 앞으로 발송했다.

그런데 그 후로는 I현 M국이나 주민회관으로부터 아무 연락도 오지 않았다. 무소식이 희소식이므로 무사히 도착했을 것이라고 생각하기로 했다. 그런데 생각해 보면 편지 내용이 감사장이라서 다행이지 만약 의뢰서였다면 방언조사 일정과 맞지 않아 전화나 팩스로 큰 소동이 벌어졌을 것이다.

우편사업이 민영화된다면 이런 스릴감(?)은 과연 사라질까? 기대해 보기로 하자.

통권 262호 2003년 3월

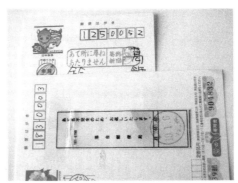

게센어 성서

E

야마우라 하루쓰구山浦玄嗣

선생님으로부터 큰 소포가 도착했다. 의사 선생님이니깐 약일 거라고 생각했다. 왜냐하면 '나쁜 말버릇'을 고치는 약이 전부터 필요했기 때문이다. 그러나 막상 열어보니 내용물은 뜻밖에도 책이었다. 야마우라 선생님은 이전부터 이와테岩手 현 게센気仙 지방의 방언에 관한 다양한 책을 쓰셨는데 새 책이 또 나온 것이다. 이번에 나온 것은 게센어 성서로, '마태복음서'를 '맛테아 소식'이라고 번역했다.

구어체적인 번역으로 알기 쉬워서, 예를 들어 마태복음 15장 25절의 여인의 말은 "슈요 와타시오 오타스케구다사이主よ私をお助けください, 주여 저를 도와주소서"라고 담백하다. 그러나 게센어 번역으로는 이렇게 된다일반적인 가나문자로 바꾸어 씀.

"단나사만스 나조니가 다스케테 구나하란세旦那様んすゥ如何にが 助けでくなはりゃんせ!"

옆 페이지에 같은 내용이 게센어의 로마자표기로 적혀 있는데 보조 기호 없이 기록하면 다음과 같다.

"Danasama nsi, nazo ni ga tasiker de kunahari anse!"

이 표현대로라면 딸을 구하려고 간청하는 여인의 강한 정이 느껴

진다.

게다가 본인의 낭독을 담은 CD도 들어 있었는데, 그것 또한 단순한 낭독이 아니라 연기를 한 것이라 현장감이 넘쳤다. 그리스도의 말씀, 제자들의 말, 자비에 호소하는 사람들의 목소리에 현장감이 느껴졌다. 박력이 넘치는 10분간으로, 성서가 이렇게까지 극적이고 재미있는 것인지 태어나서 처음으로 알게 되었다.

필자는 야마가타현에서 태어났기 때문에 인접한 이와테의 방언과 비슷하다. CD를 들으며 게센어와 비슷한 말을 한다는 행복감을 느끼며 행복한 시간을 보내었다. 이로써 루터의 성서 번역을 읽은 독일 농민의 감동을 조금은 알 수 있을 것 같았다.

아마도 그것은 표현이 알기 쉽고 인상적인 역어를 활용했기 때문일 것이다. 말이 여음처럼 머리에 남고 사라지지 않는다. 그래서 '게센消セン, 지워지지 않는어라고 이름을 붙인 거구나!'라는 생각이 들 정도였다.

안타깝게도 서점에서는 구입하기 어렵다고 하므로, 오후나토大船渡 시의 'epix'라는 회사에 Fax를 보내는 것이 더 빠를 것 같다0192-26-3344. 300 페이지 이상에 CD 3장을 포함해서 5600円. 의사 선생님이 처방해 주신 마음의 약으로, 그 개발 노력에 비하면 파격적인 가격이다.

통권 261호 2003년 2월

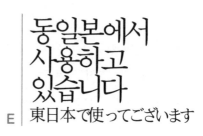

동일본에서
사용하고
있습니다
E | 東日本で使ってございます

언어에 관해서

어떤 법칙성을 발견할 때면 '이젠 죽어도 여한이 없겠구나.'라고 생각하곤 한다.

문득 생각이 나서 "미테고자이마스見てございます, 보고 있습니다"의 용례를 찾아보았다. 2006년 4월 14일, 구글에서 507건 검색되었다. 앞부분의 검색 예는 중앙 관청 이외에 동일본의 회의록의 것이 많아서 지역차가 있을지도 모르겠다는 생각이 들었다. 다행히 홈페이지의 주소를 보면 어느 지역의 용례인지를 바로 알 수 있기 때문에 전부를 확인해 보기로 결심했다.

중복된 것을 제외하면 총220건으로, 반 이상인 128건이 동일본의 지자체에서 사용된 용례였다. 서일본은 불과 22건이었고, 나머지는 중앙 관청에서 사용된 것으로 동서차가 분명했다. 또한 동일본에서는 도의회, 시의회, 구의회에서 모두 쓰였지만 서일본에서는 도의회에서 쓰인 예가 많았다.

이로써 전파 과정을 예측할 수 있었다. 즉 '미테고자이마스'는 도쿄의 관청에서 사용되어 점차 동일본의 중앙 관서와 연관이 많은 의회로 퍼졌을 것이다. 서일본에서는 이제 막 전파되기 시작한 것으로, 전형적인 '위로부터의 언어변화'로 지역차도 있다.

이렇게 효율적인 검색은 처음으로, 홈페이지의 주소만 보면 지역을 바로 알 수 있어서 문장의 내용을 보고 사용자가 누구인지 일일이 찾아내는 번거로움은 필요 없게 되었다. 그런데 처음에는 각지의 회의록이 이렇게 많이 공개되어 있는 줄 몰랐었다. 용례를 보면 공무원이나 의원이 회의에서 사용했을 것이라는 추측이 가능하다.

다른 날, '~테고자이마스'의 다른 용례를 찾아봤더니 용례수도 바뀌고 상업적인 선전 문구에 쓰인 예도 눈에 띄었다. 그러나 지리적 경향은 마찬가지였다. 문부과학성 산하의 문화청에서 실시한 1999년의 여론조사 보고서를 봤을 때만해도 여기까지는 간파할 수 없었다. 그런데 그 직후 NHK의 한 프로그램에서 홋카이도의 농부가 인터뷰에서 "오못테 고자이마스思ってございます, 생각하고 있습니다"라고 말하고 있었다. 상업용어, 회의용어로 쓰이다가 드디어 민중이 쓰는 표현에까지 스며든 것이다. 앞으로 어떤 속도로 퍼질까? 5년이나 10년 주기로 보면 어떻게 될까? 그리고 100년 후에는 어떻게 될까?

앞에서는 이제 죽어도 여한이 없다고 말했었지만 또 다시 이런 욕심이 생기므로 속물은 어쩔 수 없는 것 같다.

메이지明治
규슈九州
영어

E

지바千葉 현에

있는 레이타쿠麗澤 대학에서 학회가 있었다. 삼림욕이 될 것 같은 캠퍼스를 걷다가 창립자인 히로이케 치쿠로広池千九郎 기념관을 방문하게 되었다. 기념관을 들어서자마자 귀중한 언어자료를 발견하게 되었는데 1930년에 녹음한 레코드 182장이 바로 그것이다. 에도시대에 태어난 사람의 발음을 들을 수 있는 귀한 자료로 그 당시 한 개인으로서 이 정도의 구어 자료를 남긴 사람은 드물다.

요점을 모은 2시간 분량의 카세트테이프를 바로 구입해서는, 내용에는 신경 쓰지 않고 발음이나 말투에만 주의를 기울이며 들었다. 아마도 녹음한 분의 입장에서는 불성실한 청자이지만......

'세ゼ'가 '쉐シェ'가 되는 규슈방언이 '쉔쉐이シェンシェイ, 선생님', '쉐카이シェカイ, 세계'처럼 자주 나왔다. 또한 '에エ'도 '유예에이옌ユイェエイイェン'처럼 '예イェ'로 발음되고 한자음의 '콰クヮ'도 '켁콰ケックヮ, 결과', '도-콰ドークヮ, 동화'처럼 모두 '콰クヮ'로 발음되었다.

또한 규슈방언의 특징이라고 할 수 있는 하2단 활용도 많이 들렸다. '다스쿠루タスクル, 돕다', '소로유루ソロユル, 맞추다', '와카루루ワカルル, 알 수 있다', '후로니이루風呂にイル, 목욕하다' 등이 그것이다.

히로이케 치쿠로1866~1938는 막부 말기에 오이타大分현 나카쓰
中津에서 태어났다. 같은 나카쓰의 한시藩士 다이묘의 부하였던 후쿠자
와 유키치福沢諭吉 1835~1901보다 한 세대가 젊다. 1891년25세 이후
고향을 떠나 간사이関西와 도쿄에서 활약했지만, 그런 것치고는 규
슈방언을 잘 남기고 있었다.

걸작인 것은 책 제목인 'Self Help'로, "쉐루후헤르프シェルフヘルプ'
라고 발음하고 있었다. 즉, 'self'와 'shelf'를 구별하지 않는 것으로
결과적으로는 '선반이 도운다'라는 의미가 되어 버린 것이다. 이런
것이 규슈식 영어
발음인 것이다.

후쿠자와의 영어
에 관해서는 재미있
는 일화가 있어서,
제자인 일본인이 들
으면 무슨 말을 하
는 것인지 잘 모르
지만 외국인에게는
잘 통했다고 한다.
후쿠자와의 영어 발
음에 과연 규슈방언
이 있었을까?

통권 218호 2000년 1월

성씨가
말하는 역사

E

동북지방의

사토佐藤 씨는 조심성이 많다. 창문 밖에서 "사토 씨!"라고 불러도 바로 대답을 하지 않으며, 바로 앞에서 칭찬을 들어도 바로 반응하지 않는다. 왜냐하면 또 다른 사토 씨를 가리키는 것일지도 모르기 때문이다.

성씨에도 동서차가 있다. 일반적으로 동일본은 종류가 적어서, 대부분의 지역이 몇 개의 소수의 성씨로 이루어져 있다. 동북 등지에는 한 집락 모두가 같은 성씨인 경우도 있다. 성씨가 주어졌을 때 본가가 '사토'라면 그 먼 친척도 '사토'로 했다는 사정도 있었을 것이다.

이에 반해 서일본은 성씨가 다양해서 여러 가지가 있다. 도시의 성씨의 다양성과 유사하다. 성씨는 원칙적으로 남성계를 통해서 전해지므로 남성의 지역적 이동의 크기를 보여준다는 견해도 있다. 아마도 서일본에서는 인구 이동이 왕성했었을 것이다.

성씨의 동서 차는 하나 더 있는데, 음독, 즉 한어漢語 계의 성씨는 동일본에 많다. 사쿠마히데佐久間英 씨가 만든 각 현의 성씨 분포도를 보면 '사토'와 '사이토'가 동북지방과 관동지방에 많이 눈에 띈다.

사에몬노죠左衛門尉*를 지냈던 '후지와라藤原' 씨 계통이라고 한다. 중

* 일본의 율령제 하의 관직의 하나로 육위 상당의 관직이었음.

부지방에는 '이토伊藤'나 '가토加藤'가 많다. 이세伊勢 시나 가가加賀 시에 많은 '후지와라' 씨의 자손이라고 하는데 모두 서쪽의 귀족이 조상인 것으로 전해지고 있다. 시대로 보면 헤이안平安 시대로, 한자음을 사용하던 서민들과는 다르다는 것을 나타낸 것이기도 하다

이에 반해 서일본에서는 '나카무라中村', '다나카田中', '야마모토山本'와 같은 순수 일본어의 성씨가 눈에 띈다. 게다가 지형명이 기원이 된 것이 많다. '다나카'나 '야마다山田'처럼 '다田'가 들어간 성씨는 긴키近畿에서 서쪽으로 많고, '고바야시小林'처럼 경지로 개발되기 이전의 지형을 본 딴 성씨는 중부지방에 많다. 이것은 서쪽에서부터 벼농사가 전파된 과정을 잘 보여 주는 것 같다.

별거 아닌 것 같은 성씨를 통해서도 견해에 따라서는 다양한 민중사를 엿볼 수 있어서 재미있다.

통권 204호 1999년 1월

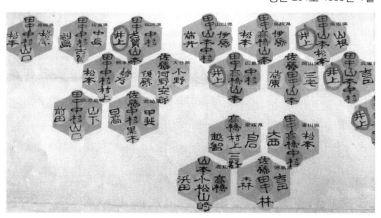

컴퓨터로
보는 지명

E

지명의

전국 분포는 숫자가 방대해서 전체를 보기 어려웠는데 최근에 기술
적으로 대변혁이 일어났다. 일본 전체의 자세한 지명이 CD-ROM에
들어가 있고, 게다가 부속 프로그램으로 분포지도를 자유롭게 출력
할 수도 있다. 가나이 히로오(金井弘夫) 『지도로 보는 일본지명 색인』

북알프스 기후(岐阜)와 나가노(長野)현의 경계 를 경계로 동쪽에 '사와沢'가,
서쪽에 '다니谷'가 분포한다는 것은 가가미 간죠 鏡味完二 지명학자의 지
명 지도에도 선명하게 그려져 있다. 그렇게 큰 차이는 아니지만 동
서차가 눈에 띄는 분포도도 있었다.

예를 들어 '누마沼'가 붙는 지명은 관동과 동북지방에 밀집해 있고,
중부에서 서쪽으로는 적고 시코쿠四国 에는 전혀 없다. 그렇다면 과
연 '이케池'가 붙는 지명은 어떨까? 찾아봤더니 전국적으로 있긴 하
지만 서일본에 특히 밀집해 있었고 시코쿠에 특히 많았다. 사회 교
과서에서 배웠던 것처럼 비가 적은 세토나이瀬戸内 부근에는 인공
연못을 많이 만들었기 때문일 것이다. 또한 옛날부터 벼농사가 성했
던 서일본에서는 '누마沼'를 일찍부터 '다田'나 '이케池'로 하는 등,
인공적으로 바꿨을 것이다.

그리고 보니 '하타케畑'가 붙는 지명은 전국에 산재해 있지만 '다田'가 붙는 지명은 평지나 평야에 밀집해 있다. 이것도 벼농사의 확대를 의미하는 것일 것이다.

어원을 보면 고유어 지명이 압도적으로 많지만 그 중에는 한어漢語 지명도 있는데 아무래도 일본의 중앙부에 많은 것 같다. 한어의 '~데라寺'라는 것은 절의 이름을 가리키는 경우도 있지만 집락명인 경우도 있다. 또한 산 이름에도 '고야산高野山', '긴부산金峰山'을 비롯하여 한어가 있다. 이런 것은 슈겐도修験道*와 관계가 있는 것일까?

> * 산에 틀어박혀 힘든 수행을 함으로써 다양한 득도를 하는 것을 목적으로 하는 산악신앙과 불교가 융합한 일본 특유의 혼합 종교.

한편 아이누어 지명으로 알려진 '~나이ナイ'와 '~베츠ベツ'라는 지명은 홋카이도 이외에도 아오모리青森, 이와테岩手, 아키타秋田에도 있다.

지명은 역사를 말한다고 하지만 CD-ROM으로 만들어진 덕분에 전국분포지도를 손쉽게 볼 수 있게 된 것이다. 참 좋은 세상인 것 같다.

통권 205호 1999년 2월

즐거운 언어학 산보

의미와 발음

누가
돌아가셨나

F

출장에서

돌아왔더니 딸이 낮은 목소리로 "그저께 이웃 집 ○○○짱ちゃん이 돌아가셨어."라는 것이었다. 장례식이 언제인지, 끝난 것인지, 조의금은 어떻게 할지 등 신경이 쓰였다. 그러나 이름도 잘 들리지 않았고 게다가 이웃 중에 '○○짱'이라고 불릴 만한 사람도 잘 떠오르지 않아서 "뭐, 누구?"라고 되물었다. 그랬더니 딸은 어이없다는 표정으로 "무쿠짱, 옆집 강아지 말이야"라는 것이었다. 대실망이었다.

오해의 원인은 여러 가지가 있을 수 있다. 우선 필자 정도의 세대는 개에게는 '짱'을 붙이지 않을 뿐더러, 게다가 '돌아가시다亡くなる'라는 경어는 동물에게는 사용하지 않는다. 인간이라 하더라도 일반적인 사람에게만 사용할 뿐 "흉악범이 도주 중에 돌아가셨다."라고는 말하지 않는다.

그러고 보니 문득 생각이 났는데 수년 전 모 방송국의 간판 아나운서에게서 전화가 걸려 왔다. 내용인즉슨, 뉴스 도중에 메모가 들어와서 그 내용을 읽어보니 본인이 방송 중에 우에노 공원의 판다가 "돌아가셨다."라고 말했다는 것이었다. 이것 때문에 문책을 받는 건 아닌지, 프로그램을 그만둬야 하는 건 아닌지 걱정이 되어서, 이론

적으로 무장하고 싶었다고 한다. 아마도 예전에 필자가 모 프로그램
에서 '경의저감低減 의 법칙'이라고 말했던 것이 기억이 났던 모양이
었다.

"앞으로는 '돌아가셨다'는 애완동물에게까지 확대되어 사용될 것
같다."라고 대답해 두었으나, 지금은 그렇게 사용해서는 안 된다는
것과 마찬가지 뜻이므로, 아마도 별로 위로는 되지 않았을 것이다.

그런데 다음날 에이 로쿠스케永六輔 씨가 프로그램 중간에 칭찬을
했다는 것이다. 사람들이 생각하는 바와 일치하는 것이어서 '역시!'
라고 감탄했다.

우리 딸을 위해 변호하자면, 동물에게 '돌아가시다'를 사용한 용례
를 Google에서 검색해 봤더니 '개, 고양이, 말이 돌아가시다'라는
용례가 수 건 씩 검색되었다. '죽다, 사망하다'에 비하면 적긴 하지만
사용하는 사람이 확실히 있다는 것이다.

그러나 판다나 소, 벌레에게 '돌아가시
다'를 쓴 용례는 없었으며, 사람이라도
범인이나 죄인에게 사용한 용례는 없었
고 대신에 '죽다, 사망하다'를 사용한다.

어떤 동사를 사용하느냐에 따라 생물에도 계층이 있으며 그 용법
도 아래로 확대되고 있다. 이것은 개에게 '아게루アゲル*, 주다'를 쓰는

* 일본어에서 '주다'는 'やる/あげる/差し上げる'의 순으로 더 높임말이 되는데 원래는 '나
무에 물을 주다'의 경우는 'やる'를 쓰는 것이 맞는 표현이지만 최근에는 'あげる'를 쓰는
경향이 있음.

것과 같은 '경의저감低減 의 법칙'에 해당하는 것이다.

전형적인 빨강

F

교통법규에서

신호는 '적황청赤黃靑'의 3색으로 정해져 있지만 '청'의 실제 신호등
색은 청靑으로는 보이지 않는다. 그 이유는 백열전구로는 청색을
만들기 어렵기 때문이라고 한다. 영어나 중국어 등에서는 신호등
색을 '녹綠'이라고 한다고 한다. '녹십자'의 예를 봐도 알 수 있듯이
원래 '안전'과 연관되는 것은 '녹綠'인 것이다.

　그런데 일본어의 '아오ㄱㅈ, 파랑'의 범위는 녹색까지도 포함한다.
이와 같이 나라에 따라 색상의 경계가 다르다는 사실에 흥미를 가진
유학생이 색채 용어의 대조연구를 시작했다. 색명色名의 경계뿐만
아니라 전형적인 색도 조사하려고 만셀의 색명표 등을 사용하여 많
은 색을 배열한 조사표를 만들었다. 필자도 조사표를 보고서 무엇을
'적赤'이라고 응답할지 당황스러웠다. 왜냐하면 어느 것도 전형적인
적c赤으로는 보이지 않았고 『색의 수첩』이라는 책을 봐도 전형적인
붉은 색은 없었다.

　몇 주 후 사회인 입학으로 대학원에 들어온 학생이 학생용 색종이
세트를 가지고 왔다. 그 색종이의 붉은 색을 보고서야 아! 이것이야
말로 진짜 붉은 색이구나! 라는 생각이 들었다. 다른 일본인 학생들

도 같은 반응이었는데, 유치원이나 초등학교 이후, 색종이의 붉은 색이 전형적인 붉은 색이라고 믿게 되었던 것이다. 어떻게 붉은 색을 결정하는지 색종이 제조 회사에 전화해 봤더니 단지 느낌으로 적당하게 색을 결정하는 듯해서, 정확하게 색상을 계측하고 있는 것은 아닌 것 같았다.

그 후 중국과 대만의 색종이를 보고서야 일본과 색이 조금씩 다르다는 것을 알게 되었다. 즉 이것은 국가별로 전형적인 붉은 색이 다르다는 것을 의미한다.

그런데 '붉은 색'하면 연상되는 것은 무엇일까? 러시아에서 국제 학술대회가 끝난 후 주최자의 안내로 붉은 광장을 방문하게 되었는데, 안내자가 '적赤'은 단순한 색상명이 아니라 '아름답다'라는 의미라고 해설해 주었다. 아마도 아카하타赤旗나 공산주의를 연상하는 것을 부정하려는 듯 했다.

호텔에 돌아가는 길에 필자는 좁은 길의 적신호를 착실하게 지키고 기다리고 있었다. 그런데 차는 오지 않았는데 뒤에 있던 중년 여성이 당당히 건너며 나에게도 얼굴을 흔들며 '건너!'라며 신호를 보냈다. 그 뒤를 따라 건너며 "이 나라에서는 이제는 붉은 것은 뭐든지 무시당하는 군요."라고 말해 서로 웃었다.

통권 238호 2001년 6월

데 팍토표준의
인치

F

매일 한 번씩은

고뇌에 빠지는 장소에서, 문득 114㎜라는 숫자가 눈에 들어왔다. 신경을 쓰고 보니 여기저기 다양한 메이커의 포장에 같은 숫자가 적혀 있었다. 하긴 이 물건은 같은 사이즈가 아니면 곤란할 것이다. 그런데 왜 하필 이 숫자인 것일까?

다행히 그 장소에서 생각할 시간은 충분히 있었다. 어느 날 본래의 작업과 병행하면서 나누기를 해 봤더니 2와 3과 6으로 나뉘었다. 다음에 이용할 때, 혹시 인치인가 싶어 호주에서 구입한, 한 쪽은 미터법으로 되어 있고 다른 한 쪽은 인치로 되어 있는 자를 가지고 재어 보았다. 실물은 4.5인치 폭이었다.

하루는 우리 집 아이가 자전거 바퀴를 보고 '22인치'라고 말하는 것을 보고, 바퀴를 척 보면 사이즈를 아는 것 같아 부모의 능력을 뛰어넘었다면서 감탄한 적이 있다. TV나 컴퓨터 화면도 16인치 등이라고 하는데 대각선을 재는 것은, 옛날에 둥근 브라운관의 직경을 재던 것과 관계가 있을 것이다. 그러고 보니 플로피디스켓도 3.5인치이다.

그 위의 단위인 '피트'는 스포츠에서 사용되며, 비행기의 고도 표

시도 '3만 피트' 등이라고 한다. 그런데, 안타깝게도 미터법에 익숙
했던 기장이 실수를 해서 사고를 일으켰다는 얘기도 있다.

더 큰 단위인 '마일'은 약 1.6킬로미터라고 알고 있지만 실용과는
꽤 거리가 있다. 비행기 탑승거리에 따른 서비스 제도인 '마일리지'
라는 것이 보급되어서 하네다~삿포로 구간이 약 500마일이라고 알
려지게 되었는데, 생각해 보면 언젠가부터 미국의 도량형이 널리
퍼지고 있는 것 같다.

일본에서는 척관법尺貫法을 없애고 미터법으로 바꾸는데 꽤 강력
한 정치력을 동원했었다. 그 덕분에 어렸을 때에는 1촌寸의 길이를
알고 있었지만 지금은 잊어 버렸다. 노래 중에 '알프스 1만 척'이라
는 가사가 있다는 것은 알고 있지만, 그것보다는 오히려 '3000미터
급의 산'이라고 하는 편이 이해는 더 쉬울 것 같다.

인치, 피트, 마일은 데 팍토 스탠더드로 조금씩 천천히 퍼졌는데
이것은 외래어가 단어로만 들어오는 것이 아니라 실물이나 사고방
식에까지도 영향을 미치고 있
다는 것을 의미한다.

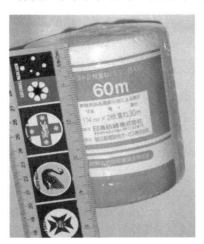

이런 생각들을 하다 보면 하
루에 한 번씩은 깊은 사고에 빠
지는 장소에서조차 점점 생각
해야 할 일이 많아져서 본래의
작업에 집중할 수 없게 되어 안
정이 안 된다.

통권 307호 2006년 5월

전향前向, 전진 주차

F

집 근처에

가게가 새로 생겼는데 주차장에 '점포를 향해서 전향전진 주차'라고
적혀 있었다. 이제까지 생각했던 방향과 달라서 의아했다. 이제까지
는 주차 중인 차를 도로 쪽에서 보는 입장에서 운전석이 도로를 향
하는 것이 '전향'이라고 생각했었다. 그 후 그 앞을 지나갈 기회가
있어서 주차되어 있는 차들의 방향을 확인하고 증거 사진도 찍었다.
운전석이 가게를 향하고 엉덩이가 도로로 향하게 주차되어 있었다.
이제까지 나만 잘못 알고 있었나 싶어, 수업 시간에 두 종류의 주차
방법을 칠판에 그려 놓고 어느 쪽이 '전향전진 주차'인지를 물어보았
다. 세 개의 수업에서 약 100명 정도에게 물어보았는데 결과는 거의
반반이었다. 고학년일수록 도로 쪽으로 엉덩이를 향한다는 의견이
많았는데, 그 중에는 의미를 모른다는 사람도 있었다. 대학생들조차
도 틀리므로 '점포를 향해서'라는 조건을 달 필요가 있을 것 같다.

그리고 보니 옛날 국철의 지정석에는 '내측'과 '외측'이라고 적혀
있어서 잘못 앉는 경우가 많았다. 'AISLE'과 'WINDOW'라는 영어도
적혀 있어서 잘못 앉았을 때 누가 주의를 주면 "어머나! '아이루'라고
적혀 있네요."라며 그 뜻을 이해 못한 부인도 있었다고 한다. 지금은

'통로 측'과 '창문 측'이라고 되어 있다. 또한 전철역의 안내 방송에서 "황색 선의 안쪽으로 물러서 주십시오."라는 것도 이상하다는 사람이 있다.

언제였던가, 열성적인 학생이 내 수업을 듣고 싶다며 "뒤에서 듣고 있을 테니깐."이라고 하기에 "내 등 뒤에 서서 듣습니까?"라며 놀린 적이 있다. 즉 상대적인 위치에 근거한 표현은 문제가 되는 것이다.

혹시나 해서 Google에서 용례를 찾아보았다. '주택나무이 있으므로 전향전진 주차를 부탁드립니다.' 등이라고 적혀 있었다. 이로써 겨우 이유를 알 수 있게 되었다. 즉 배기가스 배출을 걱정하고 있는 것이다. 후진으로 나갈 때에 혹시 어린이가 다치지는 않을까 하는 가능성은 고려하고 있지 않는 것이다. 그런데 여전히 오해하는 사람이 있는 듯하여 '후진으로 세워서 전진해서 나갈 수 있는 상태가 아무리 봐도 '전향전진 주차'예요.'라고 쓴 사람도 있었다. 이런 것을 쓴 사람도 있었다. "주차장에 때때로 '전향 주차'라고 적혀 있습니다♪ 이것을 '포지티브 파킹'이라고 읽고 있습니다♪ 전향포지티브♪ 전향포지티브♪"

그러나 아래와 같은 센류川柳*와는 비교할 수 없다.

* 5·7·5의 3구 17음으로 된 단시로 세태나 풍속을 풍자와 익살을 주로 하여 묘사하는 것이 특징임.

"前向きに駐車のたびにはげまされ 마에무키니 츄우샤노타비니 하게마사레,

'전향으로' 주차할 때마다 격려를 받고"

'가카리
掛, 담당'의
보수성

F

어느 날

사무에서 쓰는 '가카리'의 한자가 대학에 따라 '괘掛'를 쓰기도 하고 '계係'를 쓰기도 한다는 사실을 알게 되었다. 지방에 따른 차이일 것 같아서 문부성 직원록을 조사해 봤더니 구 제국대학 등, 2차 대전 전부터 있었던 대학에서는 '掛'를 사용하고, 전후에 생긴 대학에서는 '係'를 사용한다는 사실을 알게 되었다.

그러고 보니 에도시대나 메이지시대의 직책명은 '掛'였는데, 지금은 관공서도 회사도 '係'를 쓴다. 예컨대 이렇게 다르게 쓰는 이유는 구 제국대학 등에서 전후에 한자를 바꾸지 않았기 때문이다. 구 국철과 하치방八幡제철도 '掛'를 쓰고 있는데 구 제국대학과의 공통점은 동업의 다른 조직보다 전통이 있어서 격이 더 높다는 의식을 가지고 있기 때문일 것이다. 즉 한자를 바꿀 때에 동등하게 하지 않았던 것이다. 어쩌면 이런 생각은 필자가 '係'가 쓰이는 대학에 근무하고 있기 때문에 곡해한 것일 지도 모르지만.....

이 외에도 조직에 따라 일반적인 한자나 음독을 사용하지 않는 경우가 많이 있다. JR일본 철도공사에서는 과승 요금이나 환불은 요금의 '청산淸算'이 아니라 '정산精算'이라고 쓴다. 요금과 불륜을 동일시해서는 안 된다는 생각에서일까?

두개골은 일반적으로는 '즈가이코쓰'라고 하지만 의학계에서는 '도가이코쓰'라고 한다. 언젠가 의대에 다니는 유학생에게 전공을 물어봤더니 '고쿠게카こうくうげか, 航空外科'라는 것이었다. '하긴, 최근에 비행기 추락 사고가 많으니깐.'이라고 생각한 것은 비전문가의 짧은 지식 탓으로, 원래 '구강口腔'을 '고코こうこう'라고 읽지만 의학계에서는 '고쿠こうくう'라고 읽는 것이었다. '세포細胞'도 일반적으로는 '사이보さいぼう'라고 하지만 생물학계에서는 '사이호さいほう'라고 한다.

잘 모를 때는 전문가에게 물어보면 된다고 생각하기 쉽지만, 이 전문가들이 일반인들과 다른 단어를 쓰는 경우는 좀 난처해진다. 예를 들어 외래어의 경우도 'Virus'의 경우, '바이러스', '월스', '비루스' 등, 전문분야에 따라 3종류로 발음된다.

이런 차이가 생겨나고 그 차이가 유지되는 배경에는 전문 영역의 독자성을 지키려는 전문가 집단들의 의식이 있기 때문이다. 읽고 쓰는 것을 특별하게 하면 그 분야 사람이라고 인정받곤 하기 때문이다.

하긴, 필자가 몸담고 있는 일본어학 연구자들 사이에서도 '校合'를 '코고'가 아닌 '교고'로 읽는다거나, '連声'를 '렌세'가 아니라 '렌죠'라고 읽는 등 특수하게 읽히는 것이 많다. 남의 일이라고 이러쿵저러쿵 말할 형편이 아니다.

東京大学ユーティリティカードの交付について

配付期間 :		
学部3年生	平成15年1月27日 月)~31日 金)	
それ以外の学部学生	平成15年4月 1日 火)~ 7日 月)	
大学院生	平成15年4月 1日 火)~11日 金)	
配付場所 :		
学部学生	教務掛窓口	
大学院生	大学院掛窓口	

※ 学生証を持参の上、窓口で申し出て下さい。

'하와사마
ハワサマ, 어머니'와
'히시호
F ヒシホ, 양념된장'

고마쓰小松에

출장을 갔을 때, 공항에 내렸더니 시 주최로 어린이들이 가부키를 한다는 안내문이 붙어 있었다. 흥미로울 것 같아 시간을 내서 가 보기로 했다. 초등학생 여자 아이가 열심히 연기하는 모습이 감동적이었다. 그런데 이 아이가 어머니역에게 '하와사마ハワサマ'라고 하는 것을 듣고 바로 메모를 했다.

집에 와서 『일본국어대사전제2판』을 찾아 봤더니 '하하母'의 표제어 부분에서 발음의 변천에 관하여 쓰여 있었다. '화화ファファ'에서 '화와ファワ', '하와ハワ', '하하ハハ'로 변했을 것이라고 적혀 있었다. 즉 오래 전 발음인 '하와ハワ'가 지방의 연극에서 아직까지 유지되고 있었던 것이다.

그 후 에히메愛媛 현 이마今治 시의 기념품 가게에 들렀더니, '히시호ひしほ'라는 음식을 팔고 있었다. 양념 된장의 일종인 '히시오ひしお'를 가리키는 것이었다. '호ほ'라고 쓰는 것은 구舊가나에 의한 것일까? 가게 주인에게 물어봤더니 실제로 '히시호'라고 발음한다고 한다. 묻기만 하고 물건을 안 사는 건 예의가 아닐 것 같아 여느 때처럼 또 물건을 사버렸다.

그 후 마쓰야마松山에 갔더니 똑같은 물건에 '히시오'라고 적혀 있었다. 젊은 점원에게 물었더니 '히시오'라고 발음한다고 하는데 이 경우는 일반적인 일본어라서 물건은 사지 않았다.

집에 돌아와 인터넷으로 검색해 봤더니, '히시호'라고 쓰는 것은, 가나자와, 에히메, 지바 등에서 제조한 것으로, 로마자로도 'He-She-Ho'라고 적으므로 아마도 '호'로 발음하는 것이 확실할 것이다.

중세 일본어에서 어중 어미의 '하ハ행'음이 '와ワ행'음으로 변화했다. 그러나 '하하ははば'나 '호호ほぼ'에서는 단어 가운데에 '하ハ행'음이 나온다. 같은 음이 반복되는 유형인 '치치ちち, 아버지', '바바ばば, 할머니', '모모もも, 복숭아' 등의 영향을 받은 결과일 것이다. 또한 '이나호稲穗, 벼이삭', '시라호白帆, 흰돛' 등은, '호ぼ穗·帆'라는 어원 의식이 강하게 작용하여 단어 속에서도 '하ハ행'음이 유지된 것이다.

그런데 이마今治 시에서 쓰는 '히시호'는 이 이론으로는 설명이 불가능한데 어떻게 '하ハ행'음이 유지된 것일까?

안에 들어 있는 내용물의 언어에 관심이 있어서 물건을 사긴 샀지만 내용물을 버리는 것도 아까운 일이다. 그래서 먹어 봤더니 맛은 있었다. 하지만 염분을 자제해야 하는 나로서는 괴로운 일이었다.

통권 290호 2005년 3월

즈시ずし, 자케ざけ, 도후どうふ, 고테ごて, 보키ぼうき

F

'회전스시回転すし'라는

간판을 발견했다. 말할 때는 '즈시ずし'인데, 왜 탁점이 없는 것일까? 탁점을 싫어하기 때문일까? 생각해 보니 식료품 표기에도 '베니사케 紅さけ, 연어', '긴사케銀さけ, 연어의 일종', '다마고토후卵とうふ, 계란 두부', '고마토후ごまとうふ, 깨두부'처럼 말할 때는 탁점을 붙여서 말하지만, 가나로 쓸 경우에는 탁점을 붙이지 않는 경우가 있다.

생각난 김에 Google로 검색해 보았다. '고테鏝, 흙손', '호키箒, 빗자루'의 경우는 '～고테ごて', '～보키ぼうき'처럼 탁음을 붙인 표기가 많긴 하지만, '한다코테半田コテ', '니와호키庭ほうき', '다케호키竹ほうき'와 같이 청음 표기도 꽤 있었다. '이런 부류의 표기가 너무 많아서 발음까지 변해 버린 걸까?'라고 불안한 생각이 들 정도였다. 그러나 '회전즈시回転ずし'의 경우는 청음으로 발음하는 것을 들은 적도 없고 사전에도 탁음이 찍혀 있어서 안심했다. 즉 발음하는 대로 가나를 표기한 것은 아닌 것이다.

가나표기에서는 중세 이전에는 탁음을 표기하지 않았다. 근대가 되어서도 탁음을 충실하게 표기한 것은 아니었다. 1995년에 표기 간소화가 될 때까지 형법 등에서는 '바쓰세스罰セス, 벌하지 않는다', '미타사루満タサル, 충분하지 않다'처럼 탁점 없이 쓰이곤 했다.

한편, 예전에는 탁음으로 시작하는 단어가 '시골말'에 많았던 것 같아서, '비루びる 낮, 바치ばち 벌, 돈보どんぼう 잠자리, 가니がに 게, 가에루がえる 개구리'라는 단어가 '和訓栞 와쿤노시오리, 에도시대 국어사전'에 실려 있었다. '히루ひる, 하치はち, 톤보とんぼ, 카니かに, 카에루かえる'가 앞에 다른 말이 올 때 연탁현상으로 탁음이 되므로, 단독으로 쓰일 때도 탁음이 된 것이라고 전해지고 있다.

그런데 지금은 그 반대로, 원래는 연탁현상으로 탁음이 되어야 하는 단어를 문자로 표기할 때에만 원래의 청음으로 쓰고 있는 것이다. 로마자로 쓸 때에는 가나로 쓸 때보다 청음이 더 많이 쓰인다. 'Kozo sushi', 'Benihana' 등의 가게가 있으며 메일 주소에서도 'soumu-kakari 총무계' 등이라고 쓴다. 청음과 탁음의 문제는 거리의 간판도 인터넷의 용례도 믿어서는 안 된다. 즉, 현대는 '표음가나표기'라고 할 수 없는 시대로 되돌아가고 있는 것이다.

그런데 회전초밥 얘기가 나와서 생각난 일화가 있다. 아이를 초밥 집에 데려 갔더니 아이 왈, "뭐야! 이 스시는 회전하지 않네!"라고 말했다고 한다. 탁음이 없는 표기가 널리 거리에서 쓰이게 되면, 발음도 '가이텐스시'가 맞다고 믿어 버릴지도 모르겠다.

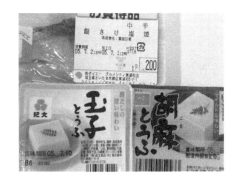

3층 조사

F

재직하던

대학이 부지 이전을 하게 되어 연구실을 정리하게 되었는데 가지고
있던 자료를 분류하다가 재미있는 리포트를 발견했다. '산가이3階,
3층'의 발음을 조사한 것이었다.

리포트를 쓴 학생은 쇼핑센터의 3층에서 무엇을 팔고 있는지 미
리 알아둔 후, 백화점의 여러 매장을 다니면서 점원에게 일일이 질
문하면서 다녔다고 한다. 청음인 '산카이'는 지바千葉 현의 슈퍼마켓
에서는 1할 정도 사용되고 있었지만, 백화점에서는 5할 이상이 사용
되고 있었다. 실험 결과, 도쿄 긴자의 백화점에서는 전혀 사용되지
않는데, 원인을 알기 위해 회사의 방침을 물어봤더니 4곳 중 2곳
에서 발음을 '산가이'로 통일시키고 있다는 것이었다.

또한 설문조사 결과를 보면, 지바의 중학생은 반 이상, 도쿄의 대
학생은 2~3할이 '산카이'라고 응답했는데 두 곳 모두 여학생의 비
율이 높다는 것을 알 수 있었다. '23階'의 경우는 지바의 중학생도
도쿄의 대학생도 '니쥬산카이'가 7~9할로 '산카이'의 경우보다 훨씬
높았다. 이것으로 유추해 보면 '산카이'가 퍼졌다는 것을 알 수 있다.

지금과 당시의 리포트의 평가 기준은 다르다. 왜냐하면 최근에는

문화청과 NHK의 조사 결과가 있어서 규슈에서 '산카이'가 많이 쓰인다는 사실을 이미 알고 있기 때문이다. 규슈에서는 7할이었지만 다른 지방은 3할 이하였다. 또한 세대차를 보면 젊은 층에서 '산카이'가 5~6할로 더 많이 쓰여 '산카이'는 새로운 발음으로, 규슈에서 앞장서서 변화를 일으켰을 것이라고 추측할 수 있다. 리포트를 본 후, 규슈에서 지바현으로 먼저 퍼진 걸까? 라는 생각이 들어 지역별 분포지도를 출력해 봤지만 유감스럽게도 지바현은 눈에 띄지 않았다.

사회언어학의 창시자인 미국의 라보브는 백화점에서 'fourth floor 4층'의 발음을 점원에게 묻고 다니며 'r' 발음의 사회 계층간의 차이를 찾아냈다. 이 기법을 능숙하게 응용한 리포트였다. 십 수 년 전의 리포트로 현재 교수로 재직 중인 제자의 젊은 시절의 노작이었다. '청출어람'이라는 말 그대로이다.

가지고 있던 리포트를 선별해서 짐을 줄이려고 맘먹었지만 그다지 효과는 없었다.

통권 225호 2000년 7월

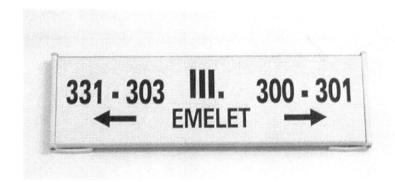

공개하고
싶지 않은가?
公開し卓話ないか*

F

* '公開し卓話ないか'가 '公開したくはないか(공개하고 싶지 않은가)'와 음이 같음.

대학에서의

예전 행동이 화제가 되었다. T 선생님의 환영회 자리에서 T 선생님
이 '탁화卓話'라는 단어를 쓰는 것을 보고 필자가 "처음 들었다"라고
말했다는 것이다. T 선생님은 계속 기억하고 있었지만 이 쪽은 잊고
있었다. "사전에는 없고 규슈九州의 모임에서는 사용하므로 규슈 방
언일지도 모르겠네요."라고 필자가 말했다고 한다.

그 때와 달리 지금은 사전의 종류도 다양해졌고 인터넷으로도 찾
아볼 수 있어서 나중에 조사해 보았다. 표제어가 가장 많은 『일본국
어대사전』제2판에는 있긴 있었지만 용례는 없었다.

더욱이 Google에서 검색해 봤더니 용례가 50만 건으로 꽤 많았
다. 용례들을 보면 확실히 서일본에 많은 편이었지만 홋카이도를
비롯한 동일본에서도 쓰이고 있었다. 이번에는 키워드를 조합해서
검색해 봤더니, 전국 각지의 로터리클럽의 홈페이지에서 꽤 많이
쓰이고 있었다. 라이온스클럽, 상공회의소에서도 사용하고 있었는
데 아무래도 지역차나 방언차가 아닌 집단차인 것 같았다.

그런데 T 선생님의 얘기 이후 '탁화'라는 단어를 듣거나 보거나
한 적은 한 번도 없었다. 인터넷을 검색한 결과로는 신문에 사용된

예도 없었다. 계속 신경이 쓰여서 한번은 매스컴 관계자가 모인 곳에서 출석자들에게 물어보았다. 그랬더니 다섯 명 중, 알고 있는 사람은 단 한 명뿐이었다.

'탁화'는 일본식영어인 '테이블스피치'영어의 table talk 의 번역어로써, 잘 만들 긴 했지만 일반적으로 '테이블스피치'보다는 소요되는 시간이 더 긴 듯하여 한 시간 정도의 정례 모임을 의미하는 경우가 가장 많은 것 같다.

한정된 집단 내에서만 사용되는 집단어의 일종으로 사회적 지위가 높은 사람들이 쓰는 말인데, 왜 일반인들에게는 퍼지지 않은 것일까? 담화행동에 관한 신조어인 '포럼'은 꽤 퍼져서 Google의 용례가 500만 건을 넘는다. 그런데 '탁화'는 긴 역사를 가지고 있음에도 불구하고 그다지 퍼지지 않았다. 아마도 좁은 집단 내의 한정된 모임에서만 쓰이는 용어이기 때문일 것이다. 그 증거로 '공개포럼'을

Google에서 검색한 결과는 약 22,800건인데 반해 '공개 탁화'는 8건에 불과했다. 아마도 '탁화'는 외부 사람에게는 공개하고 싶지 않은 모양이다.

신어 중에서도 눈에 띄는 것은 쉽게 전파되지만 끼리끼리만 사용하는 집단어나 은어 등은 전파 속도가 느린 법이다.

통권 293호 2005년 5월

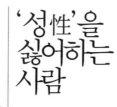

'성性'을
싫어하는
사람

F

지난 해

출간한 책을 읽은 독자에게서 편지가 왔다. 내용은 본문에서 사용한
'경향성'은 잘못된 표현으로 '성'을 빼고 '경향'이라고 써야 한다는 꾸
짖음이었다.

우선 실제 용례를 찾아보려고 goo로 검색해 보았다. 용례는 532
개가 검색되었는데 특히 딱딱한 학문적인 홈페이지에 용례가 많았
다. '이렇게 많이 사용되는데 꾸중을 들을 이유는 없지. 왜 내가 비난
을 받아야 하지?'라는 생각이 들었다.

게다가 근거가 확실한 데이터도 있어서, 『고지엔広辞苑 CD-ROM』
에는 표제어로도 있었고 뜻풀이에서도 쓰이고 있었다. '방향성, 지향
指向성, 지향志向성, 내향内向성' 등 구성이 비슷한 단어도 쓰이므로
아마도 유추로 생겨났을 것이라는 추측도 가능하다.

백과사전 CD-ROM의 용례도 많았는데, 『헤이본샤平凡社 세계대백
과』에는 16예나 있었다. 게다가 분야도 다양해서 처음에는 이공계
쪽 용어일 거라고 생각했지만 인문계 쪽에서도 사용되고 있었다.
'좌익적 경향성이 강하다.'는 용례도 있었다.

그런데 『생물학사전』, 『바이오테크놀러지사전』 등에는 나오지

않았고,『신쵸문고新潮文庫』의 CD-ROM 5장에도 이유는 알 수 없지만 나오지 않았다. 또한 국어학 문헌 목록을 전자 데이터로 만든 CD를 검색한 결과, 논문 제목에도 몇 개가 사용되고 있었다.

이제까지 일본어에 관해서는 공개된 전자 말뭉치가 없어서 용례 검색이 불편했지만 이제는 인터넷의 이용으로 방대한 어휘의 말뭉치를 입수할 수 있게 되었다. 그리고 비용은 들지만 CD-ROM을 사면 이런 식으로 쉽게 전체 문장을 검색할 수도 있다.

의견을 보내주신 독자 분은 '성性'이라는 글자를 싫어하는 것 같지만, 필자는 오히려 이런 종류의 얘기를 좋아하는 편이라서 애초에 그런 딱딱한 분과는 잘 맞지 않는 것 같다.

통권 221호 2000년 4월

컴퓨터
용례 검색

F

직업병이 있어서

새로운 언어현상에는 늘 신경을 쓰는 편인데, 어느 날 인터넷으로
용례 검색을 해 보면 되겠다는 생각이 들었다. 생각난 김에 바로
최근에 들은 '요사게니 よさげに, 좋은 것 같은'와 '나사게니 なさげに, 없는 것
같은'의 사용 양상을 goo에서 찾아봤다. 그랬더니 용례가 꽤 많이
나왔다. 각각의 용례를 검토해 보니 '기모치 요사게 気持ちよさげ, 기분
좋게'와 같은 긴 표현도 있었는데, 그 중에는 '나니게니 요사게 なにげに
よさげ, 어쩐지 좋은'와 같은 걸작도 있어서 즐거웠다.

알아보는 김에 '라생략어형 ラ抜きことば*'과 새로운 경어표현도 검색

* '보다(見る)', '먹다(食べる)'의 가능형은 원래 '見られる(미라레루), 食べられる(타베라레
  루)'인데 여기에서 '라(ら)'를 뺀 '見れる(미레루), 食べれる(타베레루)'를 쓰는 현상.

해 보았다. '미레루 見れる, 볼 수 있다', '다베레루 食べれる, 먹을 수 있다', '오시
에레루 教えれる, 가르칠 수 있다' 등 실로 용례가 많았다. 게다가 정말 적절
한 용례도 많이 있었다. 젊은 세대들이 일기를 공개하거나 의식적으
로 신언문일치체를 쓰기도 해서 최근의 용례가 효율적으로 모이는
것이다. 자연담화를 몰래 수집하는 것에 비하면 뒤도 안 켕기고 자
료의 신뢰성도 높다.

예전엔 용례 수집이라고 하면 소설이나 신문을 읽고 부지런히 카드에 적어서 정리하던 것이 전부였다. 그 후 워드프로세서에 예문을 입력하게 되어 종이 카드는 필요 없게 되었다. 지금은 더 발전하여 CD-ROM으로 각종 용례를 간단히 검색할 수 있으며, 또한 인터넷으로 더 손쉽게 대량의 데이터를 만들 수 있게 되었다. 앞으로의 언어 연구도 혁명적으로 바뀌는 것은 아닐까? 라고 예상해 본다.

검색 시스템도 하루가 다르게 발전하여 자동적으로 홈페이지를 보고 돌아다니는 것 같다. 컴퓨터의 위력인 것이다. 새로운 서비스를 하면 아마도 그만큼 이용자도 늘어날 것이다.

내친 김에 한 발 더 나아가 매번의 사용 현황을 컴퓨터로 비교해서 '오늘의 신어' 등으로 발표하면 어떨까? 현재 일본에서는 신어나 젊은 층의 언어에 대해 관심이 많으므로 매스컴 관계자나 일반인도 관심을 갖지 않을까? 예전에 겐보 히데토시見坊豪紀* 씨가 일생을 바

* 일본어학자, 『三省堂国語辞典』의 편찬자로서 사전사에 큰 업적을 남김.

쳐 모았던 신어 정보에 필적하는 자료를 최근에는 손쉽게 얻을 수 있게 된 것이다. 그렇다곤 해도 너무 현대화되어 일본어 연구자의 할 일이 없어지게 된다면 그것도 곤란한 일이다.

즐거운 언어학 산보

매스컴학

언어 리얼리즘

G

영국의

요리는 평판이 좋지 않다. 여행 가이드북에도 '최근에 영국의 요리
는 맛있어졌다. 왜냐하면 이탈리아나 중동의 음식이 들어왔기 때문
이다.'라고 적혀 있을 정도이다. 결국 영국 요리 그 자체는 칭찬하고
있지 않는 것인데, 과연 위트의 나라이다.

애기가 바뀌지만 러시아에서 본 TV영화는 외화를 한 사람의 목소
리로 더빙하고 있었다. 출연 배우가 남자이든 여자이든 남자 목소리
로 더빙을 하는데 두 사람의 목소리가 겹칠 경우에는 빠른 말투로
말하고 있었다. 옛날의 활동사진과 비슷해서 일반 영화보다 화면에
대한 설명이 더 구체적이라고 생각하면 된다. 폴란드에서도 이런
상황은 마찬가지였는데, 아마도 성우 여러 명이 연습을 하고 녹음을
여러 차례 반복하는 것보다는 작업이 훨씬 수월할 것이다.

그와 달리 일본 TV영화의 외국어는 각각의 출연자별로 다른 사람
이 더빙을 한다. 하지만 인력이 부족한 탓인지 왕년의 명배우도, 최
근의 젊은 배우도 영화만 다르다면 같은 사람이 녹음을 하기도 한다.

드라마나 영화 대사를 어느 정도로 충실하게 재현하는가는 나라
에 따라 다르다. 일본 드라마에서는 지방 출신자가 등장하면 그 지

방의 사투리를 거의 충실하게 구사하는데 이것은 방언리얼리즘이라고 할 수 있다. 외국어도 마찬가지로 영화나 TV 드라마에서 미국인이 등장하면 영어로, 중국인이 등장하면 중국어로 말을 하고 자막을 단다. 이런 것은 언어리얼리즘이라고 할 수 있다. 단, 제작에 시간과 비용이 들고, 관객이 글자를 읽을 수 있어야 한다는 전제 조건이 필요하다.

그러나 영미의 영화에서는 아라비아인끼리 영어를 쓰기도 하고 파리에 사는 프랑스인이 프랑스어 사투리풍의 영어를 쓰기도 한다. 영국인에게 이 얘기를 하면서, "영국인은 글자를 못 읽어서 자막을 사용하지 않는 거 아닙니까?"라고 놀렸더니, 상대는 비웃듯이 웃으며 이렇게 말했다. "맞아요. 영국에 글자를 못 읽는 사람이 늘었어요. 왜냐하면 아프리카나 아시아에서 온 사람이 많아져서요, 당신처럼......" 요리와 같은 논리이다.

통권 235호 2001년 4월

오시놀러지
oshinology

G

'오싱おしん'이

1983년에 방영되었을 당시에는 다양한 사회 현상이 생겨서 '오싱드
럼'이라는 신어도 생겼었다.

1996년에 대만과 태국에 갔을 때는 마침 '오싱'이 방영된 뒤여서,
이제는 성장한 오싱 역의 고바야시 아야코小林綾子가 대만에서 대환
영을 받고 있었다. 그런데 태국에서도 많이 화제가 되었기 때문에,
혹시 오싱의 소녀 시절의 동북사투리를 태국 동북부의 방언으로 더
빙하지 않았는지 물어봤더니, 일본인이 태국 방언을 쓰는 것도 이상
하다며 방콕 말로 더빙을 했다고 한다. 즉, 드라마에서의 방언리얼
리즘은 태국에서는 실현되지 않은 것이다.

NHK의 자료에 의하면 '오싱'은 1998년 현재, 세계 57개국에 수출
되었다고 한다. 서둘러 세계분포도를 그려 보았는데, 초기에는 미대
륙과 호주 등지에 거주하는 재외일본인을 위해 일본 방송판이 그대
로 방영되었다. 중국, 홍콩, 태국, 싱가포르에서도 일본어판을 그대
로 방영하였는데 이들 국가는 모두 일본과 관계가 깊은 나라들이다.

1987년에 영어판이 만들어져서 아시아와 아프리카 국가들로 보내
졌고, 1988년에는 스페인어판이 만들어져 남미 국가들에서 방영되

었다. 프로그램을 제공하는 지원이 있었기 때문인데, 정작 본토 영어와 스페인어를 사용하는 영국과 스페인에서는 방영되지 않았다. 언어적인 면에서 번역의 수고가 없어져도 효과는 특별히 없었던 것이다.

인생의 고달픔을 다룬 스토리 자체에 친숙감을 느끼는지의 여부도 관계가 있는 듯하다. 현재 필리핀에서는 '오싱'은 그다지 인기가 없고 편하게 돈을 버는 내용의 드라마가 인기를 끌고 있다고 한다.

'오싱'은 언어의 장벽과 국민성의 장벽과의 비교연구에도 도움이 된다. 이런 연구는 '오싱'과 'Sinology 支那學*'를 합

* 제2차 세계대전 이전의 일본에 있어서의 중국학의 옛 이름.

쳐서 '오시놀로지'라고 불린다.

통권 207호 1999년 4월

영화 폴리그롯
Ployglot*

G

*Multilingual의 의미로 다언어를 구사할 수 있는 능력을 말함.

미얀마에서

온 외국인 교사와 얘기를 나눌 기회가 있었다. 마침 재방송 중이던 '오싱'에 대한 얘기가 나와서 두 사람 모두 팬이라는 사실을 알고 의기투합했다. 또 장사꾼 기질이 발동해서 '오싱'에 등장하는 인물들의 방언을 미얀마어 방언으로 더빙하는 일을 했는지의 여부를 물어보았다. 의외의 답변으로, 그런 고생은 하지 않았다고 한다.

왜냐하면 '오싱'이 방영된 것은 1995년으로 그 무렵에는 자막이나 더빙 없이 일본어판을 그대로 방영했다고 한다. 내용을 알아들을 수 있었는지 걱정이 되어 물어봤더니, 어린이용 삽화가 들어간 책도 있었고, 내용을 미얀마어로 쓴 책도 있어서 그것을 서로 돌려 보면서 이미 내용을 다 안 후에 TV를 봤다고 한다. 설명을 미처 입수하지 못했을 때는 그냥 화면을 보고 일본어 음성만 들었다고 하는데 그래도 내용은 대충 알 수 있었다고 한다. 조금 모순적이지만 '음성이 딸린 무성영화'를 보고 있는 것과 같은 느낌이었을 것이다.

최근까지 미얀마의 방송국은 시청자에 대한 서비스가 불충분했던 것 같다. 외국영화 비디오도 자막 없이 본다고 하는데 신기하게도 영어를 몰라도 그런대로 감상할 수 있다고 한다.

그 얘기를 듣고 이런 생각이 들었다. 비슷한 것을 세계 각 언어에 적용시킬 수 있음에 틀림없다. 즉 각국의 영화를 보고 다른 사람에게 제대로 내용을 설명할 수 있는 것이다. 마치 언어를 알고 있는 듯이 보이게 해 놓고서 "나는 폴리그롯이다."라고 뻐길 수 있을 것이다. 하긴 그렇게 한다고 해도 그다지 덕이 될 것 같지는 않지만......

이 얘기를 통역하던 미얀마어 전공의 일본인 학생이 갑자기 통역을 멈추고선 일본어로 자신에 대해서 얘기하기 시작했다. 미얀마에 가서 얼마 안 됐을 때 미얀마 영화를 봤는데 내용이 꽤 들려 미얀마어 실력이 늘었다고 기뻐했다고 한다. 그런데 얼마 후 이번에는 전혀 배운 적이 없는 힌두어 영화도 더빙 없이 봤는데, 이 힌두어 역시 잘 들렸다고 한다.

언어 정보와 비언어 정보를 비교해 보면, 반 이상의 정보는 비언어의 형태로 전달된다는 연구가 있는데 딱 적절한 예인 것 같다.

통권 265호 2003년 5월

겨울연가의
또 다른 이야기

G

한국어학의

대가인 U선생님과 얘기를 나눌 기회가 있었는데, 한국 드라마인 '겨
울연가'를 '후유노 소나타 冬のソナタ'로 번역한 것은 안성맞춤이라는
얘기가 나왔다. '겨울연가'를 일본어로 번역하면 '冬の恋歌 후유노 고이
우타'가 되는데, 한국어로는 '고이우타 恋歌'를 음독으로 '연가 ㅋンガ'라
고 하지만 일본어로는 '고이우타 恋歌'를 음독하지 않으므로 직역할
수 없다. 그래서 일본어로는 고유어인 '고이우타 こいうた'나 외래어인
'러브송 ラブソング'으로 밖에 번역할 수 없는데 둘 다 이미지가 너무
직접적인 느낌이다. 따라서 일본어로 '연가'를 '소나타'라고 표현한
것은 잘된 번역인 것 같다.

"그렇다면 한국어로도 '겨울의 소나타'라고 했으면 어땠을까요?"
라고 물어봤더니 옆에 있던 한국인 선생님이 "그건 안 됩니다."라고
단호하게 말했다. 왜냐하면 '소나타'는 한국에서는 자동차 이름으로
알려져 있기 때문이라는 것이다. 혹시 '겨울의 소나타'라고 하면 미
끄럼 사고를 연상시키는 것이 아닐까 걱정했지만, 한국에서는 지명
도가 높은 차라서 특별히 그런 것은 연상되지 않는다고 한다. 연애
는 미끄럼 사고와 비슷하므로 괜찮을 것 같기도 한데……

바로 다음날 신문에 현대자동차가 소나타를 일본에서 판매할 예정이라는 기사가 났다. CF 모델로 '욘사마 背容준'를 기용한다고 하는데, 이것은 드라마의 인기에 편승하여 한류의 움직임을 이용하고 있는 것이다. 한국 자동차는 가격에 비해서 성능이 좋은 것으로 알려져 있어서 세계로 진출하고 있다. HYUNDAI의 상표는 각국에서 볼 수 있지만 일본에는 진출할 기회가 없었다. 과연 앞으로 일본에서의 소나타의 장래성은 어떨까?

드라마나 유행가의 경제적 파급 효과에 대해서는 선례가 있는데, 예를 들어 NHK의 '오싱'이 '국민적 프로그램'이라고 불렸던 무렵에는 '오싱'의 이름을 넣은 식품이나 일용품이 많이 나왔다. '헤엄쳐라! 붕어빵泳げたいやきくん'이라는 노래가 유행했을 때에는 붕어빵집에 긴 줄이 생겼었다. 소설의 주인공을 모방한 상품도 있어서 '소공자'를 흉내 낸 닛산 '세드릭'1960, '안네의 일기'를 흉내 낸 위생용품인 '안네'1960가 그 대표적 예이다.

한국어 학습자가 늘고 있는 추세인데, 언어의 시장가치는 경제적 요인과 문화적 요인에 좌우되므로 한국어의 경우도 이에 해당된다고 할 수 있다. 문화적 요인 중의 하나인 드라마가 계기가 되어 한국어 학습자가 늘어난 것을 보면 한 개인의 힘이 언어의 시장 가치를 바꿔 놓은 셈이다.

통권 299호 2005년 10월

제철이 아닐 때
피는 벚꽃

G

최근에

사회 문제가 계속해서 발생하고 있다. 전력회사는 자신들의 실수를 숨겼고, 외무성은 북한에 납치된 사람들의 사망 연월일을 알려 주지 않았다. 이와 같이 정보가 숨겨지는 경우가 많다.

그런데 한 번은 홋카이도로 방언조사를 갔을 때, NHK 삿포로지국의 TV프로그램에 출연할 기회가 있었다. 리허설이 한창일 때 지역 방송을 단축하라는 지시가 내려졌다. 이유인 즉, 인기 아침 드라마인 '사쿠라さくら'가 다음날 방송되어야 할 내용이 방송되어 버린 방송 사고가 발생해, 사과 방송을 1분 간 해야 한다는 것이었다. 전대미문의 사고를 때마침 목격하게 된 필자는 그냥 재미있게만 생각했다. 그래서 프로그램 담당자에게 필자가 출연한 방송 분량뿐만 아니라 그 뒤에 이어지는 사과 방송까지도 녹화해 달라고 부탁했다. "사과 방송이 더 가치가 있을 테니까요."라고 덧붙였더니 예상했던 대로 상대는 난처해했다. 하지만 프로그램 진행자는 "큰일이네. 불쌍하게도 징계를 당할지도 모르겠네."라고 중얼거리고 있었다. 참 정이 깊은 사람인 것 같다.

그런데 어이없게도 현장 담당자는 프로그램 마지막에 나오는 'See

you next week'라는 자막을 보고서야 실수를 눈치 챘다고 한다. 신문에도 관련 기사가 실리고 레스토랑에 갔더니 거기서도 화제가 되고 있었다.

다음날 아침, 건너뛰었던 149회와 재방송이 되는 150회를 연달아 봤는데, 스토리에 큰 영향은 없었다. 원래 연속 드라마는 한 회를 놓치더라도 스토리를 대충 알 수 있을 정도로 스토리 전개가 느려서, 방송이 뒤바뀌어도 스토리에는 큰 문제가 없다는 것을 시청자도 잘 알고 있을 것이다. 이번 일은 스토리 전개를 먼저 알고 보는 즐거움을 시청자들에게 맛보게 했다고도 할 수 있다.

시청자센터에 오전에만 3000건의 불만 전화와 문의 전화가 왔었다고 하는데, 사람들이 너무 융통성이 없는 것 같다. 시청자들도 좀 더 여유가 있었으면 좋겠다. 실제로 벚꽃도 '구루이자키狂い咲き, 원래 개화할 시기에 피지 못하고, 계절이 지나서 벚꽃 등이 피는 것'를 하지 않는가. 그다지 관계가 없을까?

그리고 관계자 4명이 징계를 당했다는 기사도 접했는데 너무 시야가

좁은 것 같다. 세상에 정보를 숨기려는 풍조가 팽배한 가운데, 다음날의 줄거리를 먼저 보여 줬다는 것은 오히려 칭찬을 받아 마땅한 행동이 아닐까? 정보 공개 장려상이나 유머대상을 만들어서라도 표창하고 싶을 정도이다.

하긴 추리드라마에서만은 이런 일을 저질러서는 안되겠지만……

쉬운 일본어,
누구를
위한 것?

G

어릴 때부터

언제 지진이 일어날지 모르니깐 바로 대피할 수 있도록 머리맡에 옷을 두라고 어머니가 늘 말씀하셨다. 그 이유는 약 60년 전인 메이지시대에도 대지진이 있었고, 그보다 더 60년 정도 전인 에도시대에도 대지진이 있었기 때문이라는 것이다. 한편으로 어머니는 "전쟁은 10년마다 일어난다고 하지만 분명히 청일전쟁, 러일전쟁, 제1차 세계대전까지는 해당되지만, 그 이후에는 맞아떨어지지 않으니까 지진의 주기도 미신일 것이다."라고도 말씀하셨다. 그런데 대학 진학을 위해 도쿄로 온 후, 1964년에 니가타新潟에서 지진이 일어나 고향인 쇼나이庄內 지방에까지 피해가 있었다. 어머니가 말씀하신대로 약 60년 간격이라고 할 수 있다.

그 무렵부터 지진의 주기성이 신문 등에서도 보도되기 시작했다. 관동대지진에 버금갈 만한 지진으로 동해지진이 화제가 되었다. 주기성은 미신은 아닌 것 같지만 아직까지도 지진을 예측할 수는 없다고 한다. 오마에자키御前崎 지반의 상하 변동도 적어져서 최근에는 지진에 대한 관심이 줄어든 것 것처럼 보이지만 이런 때일수록 위험할지 모른다.

1995년의 한신아와지대지진阪神淡路大震災에서는 다양한 모어를 사용하는 외국인을 위해 다언어 방송이 활약했지만 이것도 자신이 알고 있는 언어가 방송될 때까지 기다려야 한다는 문제점이 있다. 그래서 '쉬운 일본어'로 방송해서 많은 외국인을 한꺼번에 돕는다는 취지에서 조사와 연구가 시작되었다. 재해 시의 '쉬운 일본어'를 보급하면 어린이나 장애인 등의 '정보 약자'에게도 도움이 되는 것이다.

일전에 개인 용무로 쟈르츠부르크에 간 적이 있다. 쟈르츠부르크성의 음성가이드기에서는 7개 국어가 나왔는데, 독일어, 영어, 이탈리아어의 경우는 어린이용도 별도로 녹음되어 있었다. 유감스럽게도 일본어밖에 몰라서 성인용과 어린이용이 내용적으로 차이가 있는지는 알 수 없었다 남은 것은 프랑스어, 스페인어, 러시아어. 나중에서야 한

대에 10종류가 들어가 있으므로 혼자서 시간을 내서 모두 확인을 했었더라면 좋았었다고 후회했다.

'쉬운 일본어'는 재해용으로 쓰이고 있지만 유럽에서는 쉬운 말이 상업용으로도 사용된다고 한다. 하긴 원래 어린이 그 자체가 재해일지도 모르겠다.

안전한 장소

G

'쉬운 일본어'

연구가 진행되고 있다. 재해가 발생했을 때에 외국인을 위해 다양한
외국어로 재해 정보를 알릴 시간적 여유가 없으므로 '쉬운 일본어'를
사용해서 많은 외국인에게 한꺼번에 전달하자는 의도이다.

그 예비 실험이 히로젠弘前에서 있었다. 일본에 온지 얼마 안 된
유학생을 모아서 일반적인 일본어로 방송했을 때와 쉬운 일본어로
방송했을 때의 차이를 확인했다.

유학생은 우선 지진 체험차를 타고 큰 흔들림을 체험한다. 그 후
아파트를 본 뜬 방에 들어가 방송 지시에 따라 행동하는데, 관찰
결과는 바로 컴퓨터에 입력되어 다음 날 그 결과를 근거로 회의가
열렸다. 쉬운 일본어는 일반적인 일본어에 비해 확실히 유학생에게
잘 전달되었다는 것을 알 수 있었다.

회의 중에 현장에서 도와 준 한 학생이 유학생과 개인적으로 나눈
얘기를 들려 주었는데, 그 유학생은 "책상 아래로 숨어 주세요."라는
방송이 나와도 그대로 움직이지 않았던 유학생이었다. 그 이유인즉
슨, 독일에서는 벽 옆에 서라고 배웠기 때문에 지시를 따르지 않았
다는 것이다. 이걸 보면 쉬운 일본어를 알아듣는 것과 행동으로 옮

기는 것이 직접적으로 관련이 있는 것은 아닌 것 같다. 이 경험으로, 어떤 실험을 한 후에는 참가자들을 그대로 돌려보낼 것이 아니라 의견이나 감상도 들을 필요가 있다는 것을 잘 알게 되었다.

그러고 보니 지진이 발생했을 때, 책상 아래에 숨는 것에 대해서는 처음부터 여러 의견이 분분했다. 문 바로 아래가 안전하다는 사람, 기둥 등으로 둘러싸인 화장실 안이 안전하다는 사람도 있었다. 그렇지만 너무 많은 사람이 문 아래나 화장실에 몰리는 것도 곤란하므로 "책상 아래에 숨으세요."라는 지시문으로 한 것이다.

그런데 회의가 끝난 후 S 씨가 옆에 와서 말했다. "선생님, 가장 안전한 곳은 종이 박스로 된 집이에요. 집에 눌릴 걱정도 없잖아요. 또 책상 아래나 벽 옆으로 도망칠 필요도 없고요."

과연 그 말이 맞다. 만드는 김에 그 종이 박스 집을 처음부터 광역 피난장소에 만들어 놓으면 지진이 일어났을 때 옮기는 수고도 덜 것이다. 재해에 대비한 이상적인 주거 형식으로, 이것으로 노후의 주거 걱정 끝!

즐거운 언어학 산보

말의
사용법

교수의 유머

H

터키 요리를

맛볼 수 있는 모임에 참가할 기회가 생겼다. 젊은 요리연구가의 해설도 들으면서 요리도 즐긴다는 취지였다. 2시간 동안 여러 가지 얘기를 들으면서 이국적인 요리를 맛볼 수 있었다.

끝날 무렵에 느낀 건데 해설 중에 유머가 전혀 나오지 않았다. 옆 사람에게 "저 강사는 유머를 싫어하는 모양이죠?"라고 물었더니 입에서 "음식물이 튀어나오면 곤란하니깐 자제하는 거 아닐까요?"라는 것이었다. 유머러스한 대답에 갑자기 입안에 있던 음식물이 튀어나올 뻔 했다.

"마지막 질문 시간에 물어보면 어떨까요?"라고 질문을 유도 당했지만 그럴 용기는 나지 않았다.

적어도 대학 수업시간에는 유머가 필요하다. 처음에는 학생들의 잡담이 없으면 조용해서 좋을 거라고 생각했지만 잡담이 없는 경우는 모두가 조용히 아래만 쳐다보기도 한다. 분명 나에 대한 존경심을 억누를 수 없어서 그런 것일 거라고 생각하고 싶어진다. 또한 때때로 수긍하는 사람이 있는 것은, 내용에 공감을 느꼈기 때문일 거라고 이해하고 싶어진다. 그러나 그런 것치고는 수긍하는 타이밍이 이상했다. 자세히 보면 졸고 있었던 것이다. 그런 학생을 깨우는 데는 농담이 필요하다. 웃으면 눈이 떠진다고 하는데 유머는 심리적 거리_{최근의 사회언어학 용어로 말하면 Politeness}를 조절하는 수단이 되기도 하다. 그러나 유머를 하는데도 장면을 고려할 필요가 있다. 장례식이나 엄숙한 자리에서는 유머는 어울리지 않는다.

예전에 모 민방 라디오에서, 언어에 관한 연속 프로그램을 녹음했을 때의 일이다. 서비스라고 생각하고 비장의 유머를 말했더니, 유리창 너머의 스태프는 미소를 짓고 있었는데 옆에 앉아 있던 PD는 표정에 전혀 변함이 없었다. 녹음이 끝난 후 스튜디오를 나왔더니 PD가 떨떠름한 얼굴로 말했다. "대학교수님의 유머는 아무도 기대하지 않아요."

즉 PD의 말에 의하면 대학 수업은 장례식과 같이 딱딱하므로 교수는 엄숙하게 의식을 수행하는 역할을 해야 한다는 의미일 것이다. 제 역할을 못 해서 부끄러웠다.

통권 287호 2004년 12월

아부의
기술

H

고등학교 동창회에서

"너, 옛날과 변한 게 하나도 없구나!", "너도 여전하네!"와 같은 대화
가 오고 갔다. 이를 계기로 고향인 도호쿠東北의 죠카마치城下町*에

* 무로마치 시대 이후 성주의 성을 중심으로 발달한 시가.

서는, 뻔한 아부는 하지 않는다는 것이 화제가 되었다. 도쿄에 온 후
아부성 발언이나 뻔한 칭찬을 들은 적이 있다는 사람이 많았다. 지역
적인 성격일까? 라고 생각했지만, 다시 생각해 보니 필자의 고향에서
도 성인 여성들은 아부성 발언을 자주 했었다. 아마도 고등학생이었
던 우리들은 사회 경험이 없어서 아부성 발언을 하지 않았던 것일
것이다.

칭찬하는 것은 어렵다. "오늘 예쁘십니다."라고 하면 "평소에는
어땠습니까?"라고 되물음을 당할 것 같은 느낌이 든다. 그렇다고 해
서 "언제나 아름답지만 오늘은 특히 아름답군요."라고 하는 것도 너
무 뻔하다.

어느 나라에서 일본어학과를 방문했을 때, 회식 자리에서 어떤 젊
은 선생님이 여성 교사에게 큰 소리로 "아름다우신 분을 만나서 영광
입니다."라고 말했다. 그러자 주위의 다른 여성 교사들의 얼굴이 굳

어지는 것을 느낄 수 있었다. 화제가 된 여성의 웃는 얼굴은 확실히 매력적이었지만 다른 여성 교사들도 모두 깎아 놓은 듯이 아름다웠다. 그런데 그런 말을 한 것이니 다른 사람은 미인이 아니라고 공언한 셈이 된 것이다.

칭찬을 할 때는 다른 사람에게 들리지 않는 장소에서 칭찬하는 것이 좋을 것 같다. 아마도 다들 살아가면서 비슷한 실패를 경험했을지도 모르겠다. 그렇지만 최근에는 여성을 보고 "아름답다.", "미인이다."라고 말하면 성희롱으로 고소를 당할 수도 있다.

그런데 모 대학에는 울던 아이도 울음을 그친다는(혹은 가만히 있는 아이도 울게 만드는?) 여교수가 있었다. 어느 날, 어떤 교사가 그 분과 함께 엘리베이터를 타게 되었는데, '객관적인 얘기는 괜찮겠지.'라고 생각하고 "헤어 스타일이 바뀌었네요."라고 말을 걸었다고 한다. 그랬더니 그녀는 흥! 이라면서 옆을 보고 이렇게 대답했다고 한다.

"웃는 얼굴은 변함이 없습니다만......"

통권 232호 2001년 1월

광고의 멋

H

박물관의

언어 사용 실태를 조사한다는 대의명분으로 런던의 자연과학박물관
으로 향하던 길이었다. 도중에 'rock festival'이라고 쓰인 현수막이
보였고 멀리서 록음악이 들려왔다. 박물관의 중간 뜰의 큰 스피커
에서 음악이 흐르고 있었는데, 박물관을 다 본 후에 행사장을 찾았
지만 공연은 보이지 않았다. 시간이 한참 지나서야 자연과학박물관
에서 암석 특별전을 한다는 것이 생각났다. '바위rock'와 '록음악rock'
의 동음어 'rock'을 멋스럽게 표현한 것이다.

한편 런던의 지하철 광고에는 병사들에게 돌격을 명령하는 하사
관의 그림이 그려져 있었는데 그 위에는 'Charge!'라고 적혀 있었다.
'돌격!'이라고 해석할 수 있는데, 아래에는 또 'No charge'라고도 적
혀 있었다. 알고 봤더니 이것은 '무료입장'의 의미였던 것이다. 군사
박물관의 광고로 다의어를 이용한 이런 표현은 해석하기 어렵지만
'덤벼라!'와 '요금은 공짜' 정도로 번역할 수 있을 것이다.

유머와 위트의 나라인 영국에서는 광고에도 재미있는 것이 많다.
예전에 'No heat is cheaper than oil heat.'라는 것이 있었다고 한다.
'등유 난방보다 더 싼 난방은 없다.'라는 의미인데, 또 다른 의미로도

해석될 수 있어서, 즉 '무無 난방은 등유 난방보다 싸다.'로 해석할 수도 있다. 논리적으로는 당연하지만 이런 의도라면 등유의 매상이 줄 것이므로 일부러 이런 광고를 했을 리도 없을 것이다. 따라서 의도한 것은 첫 번째 의미일 것이다.

의미는 다르지만 표현이 같은 것은, 단어인 경우는 '동음어'라고 하고 이런 식으로 더 긴 문장 단위가 되면 '동형문同型文'이라고 한다.

일본어의 동형문에는 '없는 것은 없는 가게'가 있다. 1980년 무렵 야마가타현 신조新庄 시 교외의 만물상에서 본 적이 있다. 1992년에 가와코에川越 시에서도 비슷한 선전 문구를 본 적이 있다. 인터넷을 검색해 봤더니 가게는 아직도 있다고 하는데 과연 광고는 아직까지 건재한지 모르겠다.

이 밖에도 일본어의 동형문에는 '하지메테노코와우미오코와갓타 はじめての子は海をこわがった 첫 아이는 바다를 무서워했다'나 '마에니노 리스기타前に乗りす

ぎた지난번에 지나 쳤다'도 있다. 마지막 것은 세 가지 이상의 의미로 해석되는데, 시간이 날 때 그 의미를 한번 생각해 봤으면 좋겠다.

전화의 규칙

H

어렸을 때는

전화기가 무서웠다. 아마도 처음 수화기를 들었을 때, 송신구와 수화구를 반대로 들어서 비웃음을 당한 아픈 경험이 있어서 그런 것일 것이다. 신입사원도 전화가 두렵다고 하는데, 생각해 보면 전화를 할 때는 어떤 약속 사항이 있는 것 같다.

중국은 전화 거는 방법이 일본과 다르다고 해서 유학생에게 물어본 적이 있다. 중국에서는 상대가 나오면 "당신 누구?"라고 묻는다고 한다. 그 이유는 전화기가 모든 가정에 보급된 것이 아니어서 다른 집 전화를 사용하는 경우도 있고 누가 받을지도 모르기 때문이라고 한다.

이 얘기를 잡담 시간에 화제로 삼았더니 어떤 일본인이 "이제야 겨우 알았어요."라며 체험담을 들려주었다. 중국인 유학생이 집으로 전화를 했는데 전화를 받은 어머니에게 갑자기 "당신은 누구십니까?"라고 물어서 어머니가 격노했다는 얘기였다. 어머니는 "자기가 걸고서는 '누구?'라고 묻는 건 이상하잖아! 전화 건 사람이 먼저 이름을 밝히는 것이 당연하지!"라며 화를 내셨다고 한다.

이런 것에도 문화적 마찰이 있는 것이다. 그러므로 외국어교육에서도 전화를 비롯해서 대화의 기술을 가르칠 필요가 있다.

그러나 최근의 일본의 전화 예절은 일부 교과서에 적혀 있는 내용과 달라지고 있다. 일본 회사에서는 전화를 받는 쪽이 이름을 먼저 밝힌다. 이 쪽에서 이름을 말하면 "늘 신세를 많이 지고 있습니다."라고 대답한다. 장의사에 전화를 걸었을 때 이런 말을 들으면 잠시 생각에 잠기게 된다. 만약에 이쪽에서 이름을 대지 않으면 "실례지만......" 이라고 포즈를 둔다. 처음 들었을 때는 뭐가 실례인지 예상을 할 수 없었는데, 이것은 "실례지만 누구십니까?"의 생략형인 것이다.

그러나 요즘에는 휴대폰을 받는 젊은? 여성은 자신의 이름을 밝히지 않는다. 왜냐하면 휴대폰에 거는 거라서 다른 사람이 받을 염려가 없으니까 "지금 전화 괜찮아 괜찮습니까?"가 첫 마디가 되는 것이다. 연구실 전화에까지 응용시키는 사람이 있다는 것은 고마운 일이다. 왜냐하면 수업이 한창인데도 길게 얘기하려는 사람이 있기 때문에......

전화 심사의
어려움

H

미국의 박사논문의

심사 의뢰를 뜻밖에도 받게 되었다. 예전 경험을 토대로 '미리 논문을 읽고 의견을 적어 보내면 되겠지.'라고 생각하고 수락했는데 나중에 전화가 걸려와 최종 면접심사 때에 전화로 참가해 줬으면 좋겠다는 것이었다. 즉, 회의 장소의 스피커와 국제전화를 계속 연결해 두겠다는 것이었다. 과연! 회의장에 부르는 것보다 비용도 적게 들고, 서면을 읽는 것보다 현장감도 있을 것 같았다. 뒤늦게 거절할 수도 없는 노릇이고, 그냥 종이를 보고 읽으면 될 거라고 안이하게 생각하고 의뢰를 받아들이게 되었다.

　그런데 막상 시작해 보니 예상했던 것과 차이가 컸다. 심사 교수로부터 날카로운 질문과 세세한 지적이 있어서 팽팽하게 대립하는 분위기인데다가 전화 음질까지 좋지 않았다 사실은 귀가 좋지 않은 거겠지만. 무엇보다도 곤란했던 것은 언제 자신의 순서가 될지 모른다는 것이었다. 사회자의 긴 발언을 듣고, 과연! 이라고 감탄하고 있었더니 갑자기 발언의 마지막 부분이 질문문이 되어 "...... Professor Inoue?" 라는 것이었다. 갑작스러운 질문으로 박사논문 제출자와 마찬가지로 문책을 당하는 느낌이었다.

생각해 보니 일본어로 질문할 때에는 처음에 "누구 누구 씨에게 묻습니다만......"이라며 청자에게 예고를 하는 경우도 많고, 시선을 보면 누구에게 말을 걸지 예측할 수 있는 경우도 있다. 하지만 전화는 언어 외적인 정보가 전달되지 않아서 언제 발화가 자신에게 돌아올지 알 수가 없는 것이다.

그 후 주심사위원인 교수를 만났는데, 본인도 그 후 미국의 다른 대학 박사논문을 전화로 심사했는데 음질이 나빠서 고생했다는 경험담을 들려주었다. 얘기하고 싶었던 것은 전화 심사는 영어 모어 화자에게조차 어렵다는 것일 것이다.

그런데 필자를 만나자마자 바로 그 얘기를 해 주는 것이 아무래도 이상했다. 아마도 예전의 전화 심사가 너무 서툴렀던 것이 기억에 남아 있어서 위로해야 한다는 의무감을 계속 가지고 있었던 것일지도 모르겠다.

통권 226호 2000년 8월

휴대폰의
사회언어학

H

1999년 2월

사회언어학의 시험이 한창 진행되고 있는 중간에 휴대폰 벨소리를 낸 학생이 있었다. 내쫓으려고 했다가 불쌍해서 관뒀는데, 그 후에 대학원 면접시험 도중에 벨을 울린 학생도 있었다. 하긴 교수회의에서 전화벨을 울린 교수도 있으므로 이제는 학생만 혼낼 수도 없는 노릇이다.

JR의 안내 방송에서는 전철 안에서는 '사용하지 마라, 전원을 꺼라.'라고 되어 있다. 그런데 사람들은 왜 휴대폰을 전철 안에서 사용하는 것을 싫어하는 것일까?

처음으로 휴대폰이 보급되었던 시절에는 자랑삼아 벨소리를 울리게 하던 사람도 있었다. 그걸 싫어하게 된 것일까? 하지만 최근에는 "요즘 휴대폰 안가지고 다니는 사람이 어디 있어?"라고 말할 정도로 거의 대부분의 사람이 휴대폰을 가지고 있다.

한편 목소리 크기가 문제가 된다는 사람도 있다. 전철 안에서 전화로 얘기를 할 때는 두 사람이 직접 얘기할 때보다 목소리가 더 커진다는 것이다. 그러나 최근에는 전철 안에서 작은 목소리로 휴대폰을 사용하는 사람들이 많아졌다. 하지만 이렇게 목소리가 작아졌음에도 불구하고 여전히 신경이 쓰이는 것은 왜일까?

그 이유는 같은 전철에 타고 있는 사람들은 일시적인 운명공동체를 형성하고 있기 때문이라는 해석이 있다. 즉, 외부 사람과 얘기한다는 것은 집단의 연대 의식을 깨는 행위여서 싫어한다는 것이다. 예전에 워크맨이 처음 나왔을 때의 기묘한 느낌도 이것으로 설명이 된다. 즉 혼자서 워크맨을 듣는 것은 주위 사람들과의 음성 커뮤니케이션을 거부하는 행위인 것이다. 실내에서 선글라스를 끼는 것이 실례가 되는 것도 비슷한 이유에서이다.

또한 대화의 일부분만 들리는 것도 휴대폰을 싫어하는 이유 중의 하나인 것 같다. 회의실이 조용할 때 한 사람이 내선 전화로 얘기하면 한쪽 대화만 들려 이상하게도 얘기의 내용에 신경이 쓰인다. 이것은 혼잣말의 기묘함과도 관련이 있다. 즉 주의를 기울이면 양쪽 얘기가 다 들리는 것이 자연스러운 회화인 것이다. 전철 안에서는 외국어 공부를 위해 예문을 소리 내어 읽는 것도 이상한 행동이고, 소설을 읽고 웃음을 터트리는 것도 이상한 행동인 것이다.

어느 날 전철 안에서 한 사람의 목소리가 크게 들렸다. '휴대폰 예절을 모르나?'하고 돌아봤더니 그 사람은 정말로 혼자서 얘기를 하고 있었다. 가까이에 서 있는 사람은 아무도 없었다. 이런 습관이 있는 사람은 장난감 휴대폰이라도 들고 있으면 좋을 것이다. 왜냐하면 그렇게 하면 위험한 사람으로 오해 받지는 않을 것이므로.

통권 208호 1999년 5월

싸움의 룰

H

사회인 입학으로

대학원에 들어온 학생의 석사논문 심사에서 부심사를 맡은 한 교수가 굉장한 기세로 내용을 비판하기 시작했다. 예전에 좋은 논문을 쓴 유학생이 석사논문 심사에서 심하게 꾸중을 듣고 자신감을 잃어 진학을 포기하고 귀국한 적도 있었기 때문에 이번에도 걱정이 되었다. 그러나 주부이기도 한 그 학생은 꾸짖는 소리를 침착하게 듣고 때때로 변명도 했다.

나중에 "잘 참았어요."라고 칭찬했더니 "부부싸움으로 단련이 되어 있어서요."라며 아무렇지 않게 대답했다. 부부싸움의 비법은 상대방에게 실컷 말하게 해놓고 마지막에 결정적인 한마디를 던지는 것이라고 한다.

어딘가에서 부부싸움의 세 가지 금기어를 들은 적이 있다. '상대의 수입을 흉보지 마라, 학력을 비교하지 마라, 자신의 가족을 자랑하지 마라.'가 그것이다.

같이 있던 중국인 유학생에게 물어봤더니, 세 가지 금기어는 들어본 적이 없지만 단 한 가지 '결정적인 것은 말하지 마라.'라는 말은 있다고 한다. 또한 "나가!"는 일본에서는 보통 남성이 말하지만 중국에서는 여성이 말한다고 한다. 이유는 여성이 남성보다 더 강하기 때문이라는 것.

한국에서는 부부싸움을 할 때 상대방에 대한 험담을 집 밖의 이웃이 들을 수 있도록 큰소리로 하기도 한다고 한다. 어느 쪽이 잘못인지 주위 사람들에게 판단을 맡기기 위해서라는데, 일본인과 결혼해서 일본에서 이런 식으로 부부싸움을 해서 이혼을 한 재일한국인도 있다고 한다. 일본에서는 이웃집에 알려지지 않도록 부부싸움을 한다. 창문을 닫고 음악을 틀면서 천천히 언쟁을 하는 부부도 있다고 한다.

또한 일본에서는 바로 손을 들지만 구미에서는 말싸움을 하는 경우가 많다고 하는데 싸움에도 사회언어학적인 룰이 있는 것 같다.

최근에 담화행동에 관한 연구가 한창인데 싸움을 하는 실제 데이터는 얻기 어려울 것이다. 24시간 따라다니면서 언어조사를 한 심리학자가 있었는데 그에 따르면 싸움 장면은 등장하지 않았다고 한다. 드라마라면 나오겠지만 그건 일상과는 다른 장면 설정이기 때문일지도 모른다.

가정 내 폭력이 최근 문제가 되고 있는데, 말싸움이 언제 폭력으로 바뀌는지 그 실체를 알 수는 없다. 누군가가 제대로 자료를 분석해 줬으면 좋겠다. 하기야 싸움 장면을 문자화해 봤자 그 자료를 읽으면 즐겁지도 않고 실용적으로 기여하는 바도 그다지 크지 않을 것이다.

통권 270호 2003년 10월

궁전의
화장실

H

베를린에서의

국제학술대회가 끝난 후 단체 여행으로 산스 시에 있는 궁전에 갔을 때의 일이다. 관광가이드가 설명을 대략 마치고 "다른 질문 없습니까?"라고 물었더니 옆에 있던 여성이 작은 목소리로 뭔가를 물었다. 가이드는 그걸 듣고선 의기양양하게 머리를 크게 끄덕이며 당시의 궁전에는 화장실 설비가 없어서 변기를 사용했다는 둥, 옥외에서 볼 일을 봤다는 둥 길게 설명을 했다.

긴 설명이 끝나자 아까 전의 그 여성이 다시 한 번 가이드에게 작은 소리로 뭔가를 묻고 가이드는 조금 놀란 얼굴을 하고선 궁전 뒤 쪽을 손가락으로 가리켰다. 그러자 여성은 빠른 걸음으로 가이드가 말한 쪽으로 사라졌다.

나중에 그 방향으로 가 봤더니 공중화장실이 있었다. 대충 사정을 알 수 있을 것 같았다. 아마도 가이드의 설명 후에 여성은 공중화장실의 위치를 물었을 것이다. "화장실은 어디입니까?"와 같은 간단한 질문이었음에 틀림없다. 그런데 가이드는 질문의 의도를 잘못 알고 자신의 지식을 펼쳤던 것이다.

이런 오해를 막기 위해서는 어떻게 하면 좋을까?

몸을 비비꼬면서 기어들어가는 목소리로 부끄러워하면서 "화장실이 어디에요?"라고 물었더라면 가이드도 금방 알아차렸을지도 모르겠다. 하지만 그렇게 하는 것도 많은 사람들 앞에서는 조금 경망스러워 보인다.

"공중화장실은 어디입니까?"는 지나치게 직접적이기도 하지만 이것도 역시 오해받을 우려가 있다. 가이드북에는 애매모호하게 "어디에서 손을 씻을 수 있습니까?"라고 묻는 편이 낫다고 적혀 있었는데

아마도 이렇게 말했더라면 위와 같은 오해는 일어나지 않았을 것이다.

발화된 말은 같아도 배후의 의도는 여러 가지가 있을 수 있다. 받아들이는 쪽도 상대의 생각을 추측하는 능력이 필요한데 이런 것이 바로 사회언어학적 규칙인 것이다.

통권 255호 2002년 9월

말의 사용법

H

독일의

어느 역 근처 가게에서 치즈를 사기로 했다. 편의점과 비슷한 분위기로 입구 카운터에 아저씨가 듬직하게 앉아 있었다. 들어서자마자 곧바로 치즈가 있을 것 같은 곳에서 치즈를 찾고 있었더니 뒤에서 고함치는 목소리로 "구텐탁 안녕하세요!"이라는 것이었다. 당황해서 이쪽도 "구텐탁!"이라고 대답했다. 가게 주인의 입장에서 보면 매번 동양에서 온 손님이 인사도 하지 않고 가게에 들어오는 것에 화가 치밀었던 것일 것이다.

이런 작은 가게에서는 "안녕하세요."라는 인사말이 필요 없을 줄 알았다. 친구에게 얘기했더니, 독일에서 인사를 하지 않고 가게에서 물건을 찾던 일본인이 소매치기로 오해받아 체포당한 적이 있었다고 한다.

또한 미국에 유학을 간 어떤 학생은 퍼레이드를 보는 도중에, 옆에 서있던 아저씨와 어깨가 부딪쳤는데 아저씨가 이 쪽을 힐끔 봤지만 그 학생은 아무 말도 하지 않았다고 한다. 그랬더니 "뭔가 말하세요."라고 아저씨가 말했다고 한다. 일본인 아저씨라면 귀여운 여학생과 어깨가 부딪쳤다면 기분이 좋아질 것 같기도 한데 그렇지 않았던 모양이다. 이런 경우, "Excuse me!"라고 말할 필요가 있다.

　알고보면 실제로는 인사로 어떤 말을 하는지는 그다지 중요하지 않다. 오히려 소리를 낸다는 것이 중요한 것이다. 독일의 개인 상점에서도, 미국의 퍼레이드에서도 그 나라말로 "안녕하세요?", "미안합니다."는 몰라도 되는 것이다. 일본어라도 괜찮으니까 뭔가 우물우물 중얼거리는 것이 아무 것도 말하지 않는 것보다 나은 것이다. 앞으로는 어학교육에서도 인사법이나 말의 사용법을 제대로 다룰 필요가 있다.

통권 202호 1998년 11월

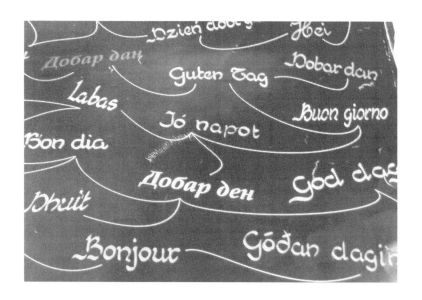

인사의 본질

H

폴란드에서

열린 국제학술대회에서 송별 파티의 인사말을 부탁받았다. 주최 측은 지리적으로 먼 지역에서도 참가했다는 것을 강조하고 싶었다고 한다. 극동에서 온 참가자도 드물다고는 하지만 그렇다고 해서 일본어로 인사하는 것도 곤란할 것 같았다. 미리 연습도 하고 축배도 자제했다. 긴장하고 있는 것을 눈치 챘는지 옆에 있던 네덜란드인 학자가 "어차피 모두 취해 있으니깐 인사 따위는 아무도 듣지 않아요. 그러니깐 일본어로 시작하는 편이 나을 거에요."라고 말해 주었다.

그것도 그렇겠다고 생각하고 일단은 일본어로 인사말을 시작했다. 과연 아무도 듣고 있지 않았다. 파티장의 사람들이 이쪽 말에 귀를 기울이기 시작했을 무렵부터 영어로 바꾸어서 덕분에 쓸데없는 노력은 생략할 수 있었다. 후반에는 이런 인사말을 했다.

"이번 발표에서 러시아어의 중요성을 잘 알 수 있었습니다. 개인적인 경험에 의하면 러시아어는 세계에서 가장 쉬운 언어인 것 같습니다. 왜냐하면 무엇보다 간단하게 배우기 시작할 수 있을 뿐만 아니라 간단히 그만둘 수도 있기 때문입니다. 저 같은 사람은 몇 번이나 새롭게 배우기 시작했습니다. 3년 후의 모임은 라토비아이므로 동구권 연구자가 많을 것 같으므로 다음 모임 때까지 러시아어를 또 배울 것을 약속드립니다. ……단 언제 그만둘지는 약속할 수 없습니다."

무사히 얘기를 끝내긴 했지만, 주최 측에 대한 감사나 회의 운영에 관한 칭찬을 좀 더 구체적으로 말했어야 하지 않았는지, 모두의 활약과 건강을 빌며 건배해야 했던 것은 아니었는지 등 후회스러울 따름이었다.

문득 몇 시간 전의 폐회식을 떠올렸다. 참가자 대표의 공식 인사는 영어와 독일어를 섞은 것이었다. 폴란드어로는 충실하게 통역되었지만 영어 통역은 웃는 얼굴로 '땡큐!'라는 한 마디뿐이었다.

이것을 계기로 좋은 인사말의 본질은 감사 말뿐이라는 것을 깨닫게 되었다. 이제 이렇게 된 이상 술로 얼버무리는 수밖에 없다. 아까까지 테이블에 방치해 두었던 술잔에 손을 뻗어 피치를 올렸다. 초반에는 술을 삼갔지만, 그날 마신 주량을 모두 합해 보면 결국은 평소 주량의 몇 배가 넘었을 것이다.

통권 227호 2000년 9월

말을 바로잡다

H

국제학술대회가

끝난 후 비어 가든에서 한잔할 때의 대화 주제도 주로 말에 관해서
이다.

파리에서의 필자의 체험담을 얘기했다. 잡화점에 며칠 다녀서 얼
굴을 익혔더니 필자가 말한 프랑스어의 틀린 명사의 성性을 고쳐
주고 나서 물건을 팔더라는 얘기였다. 이 얘기를 들은 미국인 연구
자는 "독일에 살았을 때, 쇼핑을 갔더니 틀린 격格변화를 지적해
주고 바르게 말할 때까지 물건을 팔지 않더라."는 걸작인 얘기를
들려주었다.

말을 고치는 데는 자신감과 관용도가 관련이 있다. 비슷한 현상은
같은 언어 내에서도 발생하는데, 예전에 T 씨는 "도쿄 사람은 말에
관해서는 대범하다."라고 말한 적이 있었다. 도쿄 사람은 지방출신
들의 사투리가 섞인 말투에 익숙해서 말에 대해 비난하지 않는다.
지방 사람들이 타 지역 사람들이 본인들의 사투리를 흉내 내면 싫어
하는 것은 편협된 것이라는 주장이었다.

그러고 보니 젊었을 때 관서방언을 흉내 내려고 했지만 악센트가
다르다거나 틀린 부분이 많아서 기분 나쁘니깐 그만 둬! 라는 말을

듣고선 흉내 내기를 그만둔 적이 있지만, 지금도 가끔 방언을 흉내 내는 경우가 있다. 유럽인이 독일어, 네덜란드어, 영어를 할 수 있는 것은, 사실은 일본어의 공통어와 동북방언과 관서방언을 구분해서 사용하는 것과 비슷한 것이라는 것을 증명하고 싶었지만 잘 되지는 않았다. 필자가 관서방언을 흉내 내면 라쿠고落語의 관서방언 같다 거나 요즘 사람은 그런 말투를 쓰지 않는다는 등의 비판을 듣곤 한 다. 아무래도 방언 연구서나 만담 프로그램에서 외운 관서방언으로 는 소용이 없는 것 같다.

지나치게 엄격하지 않게 아이를 다루는 어머니처럼 그 의도를 칭찬 하고, 넌지시 바른 말투 를 반복해 들려주는 등 의 방법을 써서 고쳐 주 면 관서방언을 즐기는 사람이 늘어 관서방언 사용자를 늘릴 수 있을 것이다.

바른 말을 지키는 것 도 필요하지만 넓은 마 음도 필요한 것이다.

통권 217호 1999년 12월

말의 오용과
모자

H

말은

복장에 비유된다. 서구의 에티켓에서는 남자는 실내에서 모자를 벗고 여성은 벗지 않아도 된다고 가르치지만, 최근에는 일본에서도 교실 내에서 모자를 쓴 채로 수업을 듣는 학생이 늘고 있다.

어떤 학생이 대학 교수에 대한 설문조사 결과를 보여 주었다. 수업 중에 모자를 쓰고 있는 학생을 어떻게 할 것인가? 라는 질문에 대해, 대다수의 교수들은 아무 말도 하지 않는다고 응답했다.

10년쯤 전에 모 대학의 수업시간 중에 모자를 쓴 학생이 있었다. 언제쯤 눈치를 챌까? 라고 생각했지만 몇 주가 지나도 늘 모자를 쓴 채여서 어느 날 수업이 끝난 후 복도에서 서구의 에티켓을 가르쳐 주었다. 안타깝게도 그 학생은 그 후로는 수업에 나오지 않게 되어서 그 뒤로 습관이 바뀌었는지의 여부는 확인할 수 없었다.

그 무렵 매스컴에 종사하는 젊은 세대, 특히 기술직들이 실내에서도 모자를 쓰곤 했는데, 그것이 소위 말하는 방송계에 대한 동경으로 인해 일반인에게까지 퍼진 것이라고 생각했다.

모 기독교계 대학의 원어민 교수는 도대체 학생들에게 뭘 가르쳤느냐며 꾸중을 했다고 한다. 이 얘기를 S대학 교수에게 했더니, 본인은 "머리를 보호하기 위해서야?"라며 비꼬며 묻는다고 한다. 의도를 물어봤더니 머리가 벗겨졌느냐는 의미라고 한다. "에티켓도 모르는 약한 머리를 보호하기 위한 건가?"라고 해석한 필자의 생각은 본질과 너무 동떨어진 것이었다.

그 후 학교 식당에서 모자를 쓴 채로 식사를 하는 학생을 발견했다. 매너를 가르치려고 했지만 너무 즐겁게 얘기를 하고 있어서 분위기를 깰 것 같아 그만두었다. 교실과 레스토랑 중, 어디에서 더 매너를 엄격하게 지켜야 하는 걸까? 라고 생각하며 강사휴게실을 지나갔더니 젊은 강사들이 모자를 쓴 채로 얘기를 나누고 있었다. 이제는 더 이상 학생들에게만 주의를 주는 것은 불가능할 것 같다.

말의 오용도 비슷하다. 말투에 관해 주의를 줘도 "대학 교수님도 쓰고 있는데요."라며 반격을 당하기 십상이다. 이문화에 접했을 때, 눈에 보이는 것은 쉽게 전달되지만 사용 규칙은 제대로 전달되지 않는 경우가 자주 있다.

특히 어떤 경우에 무엇을 하지 않을지, 말하지 않을지는 알기 어렵다. 일본어나 일본 문화를 가르칠 때에도 규칙을 분석적으로 표현하고 말로 제대로 전달할 필요가 있다.

츄타,
일본어독해학습지원
시스템의 성장

H

헝가리에서

일본어교육에 종사하게 된 것은 2번째로, 이번에는 뭔가 새로운 것을 하려고 맘먹었다. 예전에 일본어학습자용 공개 소프트 '츄타チュウ タ'가 있었는데 이것은 일영, 일독 사전을 자동적으로 찾아주는 프로그램으로 영어나 독일어를 알지 못하는 학습자에게는 아무 소용이 없었다 '돼지 목에 진주목걸이'라는 표현은 쓰지 않기로 하자. 기분 나빠할 사람이 있으면 곤란하므로. 이번에 인터넷을 검색해 봤더니 일일日日 사전이 새롭게 만들어졌다고 한다. 즉 국어사전을 자동적으로 찾을 수 있는 것으로 이제 전 세계의 일본어학습자가 사용할 수 있게 된 것이다.

이러한 성장은 헝가리의 일본어학습자에게는 고마운 일이다. 이번 학기에는 필자가 쓴 책을 사용하는데다가 원고도 텍스트 파일로 가지고 왔다. 그래서 이것을 써 보기로 했다.

우선 학생들의 메일을 확인한 후, 텍스트의 일부를 다양한 형식으로 보내었다. 하지만 글자가 깨져서 읽을 수 없다는 것이었다. 몇 주일이나 학생들이 따라 오지 못해서 문제가 무엇인지 설문조사를 해 보고선 크게 실망했다. 일본어과 학생임에도 불구하고 집의 컴퓨터로는 일본어를 읽을 수 없다는 것이었다. 대학 옆에 새로 생긴 정보센터에도 등록이 되어 있지 않아서 결국 연구실에 있는 한 대의 컴퓨터로 츄타를 사용해 보기로 했다.

사전을 찾는 툴, 레벨 판정 툴 등 학생들이 츄타의 편리함을 알아 주었다. 사전 찾는 시간을 단축시킬 수 있고, 찾은 단어의 복습이 가능하며, 또한 학생 스스로가 성과를 알 수 있고, 가르치는 쪽도 학생이 어떤 단어를 모르는지를 쉽게 파악할 수 있었다.

츄타 보급의 단점은 컴퓨터로 읽어낼 수 있는 형태의 교재가 그다지 많지 않다는 점이다. 문득 생각이 났다. 이 칼럼을 일본어교재로 사용하는 사람도 있다고 하는데 전자파일을 홈페이지에 공개하면 활용이 가능할 것 같았다. 출판사에 이메일로 보낸 원고를 이용하면 교정을 받기 전이라서 출판물과 내용이 조금 달라 저작권 문제도 발생하지 않을 것이다. 또한 '일본어학'에 실린 것과 비교해 보면 필자가 그 후에 어디를 고쳤는지도 알 수 있다. 고쳐서 오히려 더 나빠졌다는 평가를 받을 수도 있어서 조금은 두렵지만……

· 츄타 http://language.tiu.ac.jp
· 이노우에 '언어의 산책길' http://www.tufs.ac.jp/ts/personal/inouef/sanpom.txt

통권 273호 2004년 1월

소논문 실격

H

'**소논문, 컴퓨터로 자동 채점**'이라는

기사가 신문에 실렸다. 대학입시센터의 이시오카 쓰네노리石岡恒憲
교수가 중심이 되어 개발한 시스템으로 'Jess Japanese essay scoring
system'라고 한다. 영어를 번역하면 '에세이 평가' 정도가 될 것이다.
홈페이지 주소가 있어서 출판사에 보낸 '언어의 산책길'의 문장을
넣어 실험해 보았다.

  http://coca.rd.dnc.ac.jp/jess/

  에세이의 제목을 입시 소논문의 질문으로 하고 본문을 복사해서
붙이기를 했더니 바로 결과가 나왔다. 10점 만점에 5.5점. 점수가
매우 낮았다.

  '수사修辞'의 경우, '한자 사용이 조금 적음', '어휘의 다양성이 조금
부족', '길고 어려운 말이 조금 적음'이라는 평가 결과가 나왔다. 예
전에 일본어독해학습지원시스템 '리딩 츄타'에 이 칼럼의 내용을 넣
어 봤을 때도 '보통'의 난이도가 많다는 것을 알 수 있었다.

  그래서 그 후로는 유학생들도 쉽게 알 수 있도록 어려운 한자나
단어를 가능한 한 사용하지 않으려고 의도했는데, 결과적으로 반격
을 당한 느낌이었다. 너무 쉽게 써서 입시용 소논문으로는 실격인

셈이었다. 즉, 쉬운 일본어로 전달하려는 의도와는 반대 관점에서
평가 받은 것이다.

억울한 생각이 들어 다른 사람의 문장도 'Jess'에 넣어서 실험해
보았다. 그 날의 각 신문사의 사설 칼럼을 넣어본 결과, 점수가 높은
것부터 배열하면 9.0, 8.7, 8.3, 7.7, 7.5, 7.2, 6.7, 6.5, 5.4, 3.9로,
마지막의 모 신문의 칼럼을 제외하면 꽤 점수가 높았다. 참고로 학
생의 짧은 리포트는 6.4와 3.2가 나왔다. 전체적인 인상과 거의 일치
하는 결과였다.

그렇다곤 하지만 필자의 글이 최저 평가에 가깝다는 것이 좀 억울
했다. 그래서 다른 글로도 실험해 보기로 했다. 어떤 에세이는 7.3이
었고, 또 다른 것은 6.8이었다. 역시나 신문 사설에 비하면 점수가
낮았다.

여기까지 오면 그냥 지나칠 수는 없는 노릇이라, 프로그램 개발자
의 문장도 인터넷에서 찾아서 실험해 보았다. 단문의 발표 요지라서
단순 비교하는 것은 불공평하지만,
점수는 6.2가 나왔다. 중이 제 머리
를 못 깎는다는 속담과 비슷하다.

문장 평가 소프트는 이 밖에도
여러 가지가 있다. 문장의 좋고 나
쁨에는 다양한 견해가 있을 수 있
다는 것을 알게 되어서 좋은 공부
가 되었다.

ヘルプ / 新着情報 / サンプルデータ Ａ Ｂ Ｃ Ｄ Ｅ Ｆ Ｇ / 最終改訂

Jess：日本語小論文 評価採点システム

質問文（与えられた問題文を入力してください）

解答文（あなたが作成した小論文を入力してください）

인정이 넘치는
헌책방

H

대학생 때는

돈이 없어서 국어학이나 방언학 전문서는 헌책방에서 사곤 했다.

한번은 책을 너무 많이 사서 돈이 부족했는데, 주인아주머니에게 가지고 있던 돈 전부와 남은 전철 회수권을 다 내면 안 되겠느냐고 물어봤더니 기분 좋게 허락해 주셨다. 책을 좋아하는 학생에게 친절하게 대해 주셨던 것이다.

그런데 어느 더운 여름날 저녁, 간다 진보쵸神田神保町의 헌책방에서 예전부터 찾고 있던 책을 발견하게 되었는데 정가보다도 더 비쌌다. 이미 출판사에도 없을 것 같아서 결국 그 책을 샀다. 그런데 그 후 먼 길을 걸어서 스이도바시水道橋의 국어학 전문서적을 파는 헌책방까지 가게 되었는데 같은 책을 정가 이하의 가격에 팔고 있는 것이었다. 가게 주인은 출판사들이 재판을 할지 여부를 상담하러 올 정도의 고서전문가였다. 얘기를 들어 보니, 아직 출판사에는 재고가 있다는 것이었다. 없는 돈을 거의 다 털어서 정가 이하의 책을 또 샀다. 같은 책을 2권 가질까도 했지만 가난한 학생에게는 어려운 일이었다. 그래서 원래 책방에 다시 가서 사정을 얘기하고 첫 번째 책을 교환해 줄 것을 요청했다.

그러나 주인 아저씨는 "한 번 구입한 책은 교환해 줄 수 없다."는 주장뿐. "방금 전에 사서 포장도 뜯지 않았다."라고 말했지만 문제가 해결될 기미가 보이지 않았다.

그 때 가게 문이 드르륵 열리면서 키가 큰 주인 아주머니가 들어서면서 아저씨에게 말했다.

"그 학생, 스이도바시에서 걸어 왔죠? 교환해 주세요."

말 그대로 학의 목소리鶴の一声*. 아저씨는 얼른 돈을 되돌려 주었

* 많은 사람들의 의견이 분분할 때 그 논쟁을 끝나게 하는 권위자의 한마디를 의미함.

다. 결국 갖고 싶었던 책을 조금 더 싸게 살 수 있었다.

더운 늦여름 저녁, 어두워진 길을 걸어가면서 이런 생각이 들었다. '다른 사람 같았으면 전철을 탔을 텐데......' 그러나 두 정거장 정도를 걸어서 한 번 왕복한 것은 그다지 큰 고생이 되지 않았다. 왜냐하면 전철 값으로 책을 살 수 있었으니깐.

이 쪽에서 아무 말도 하지 않았는데도 불구하고 주인 아주머니가 내가 거기까지 걸어 왔을 것이라고 생각하고 반품을 결단해 준 그 마음이 고마웠다.

그 후 대학의 조교가 되었다. 아! 이제 가난한 학생이 아니구나! 라고 생각했지만 여전히 월급은 거의 책값으로 사용하므로 바뀐 것은 한 글자뿐이다. 지금도 '가난한 학자'

통권 297호 2005년 9월

즐거운 언어학 산보

몸과
말

가면을 M자형으로
(눈은 튀어나오게 코는
들어가게) 접으면......

짜잔! 웃으면
복이 와요!

11

동물원의 사람

카이로대학에서

볼일을 마치고 호텔로 가는 길에 동물원이 있었다. '그렇지! 동물원이라면 손님들의 언어행동을 모른 척하면서 관찰할 수 있을 거야!'라고 생각했다. 무엇보다 아랍문화권에서는 서로 다가가서 얘기도 한다고 하니깐.

동물원에 들어가 봤더니 어린 애들뿐이었다. 초등학생들의 단체 같았다. 서로 바짝 붙어서 동물들을 보고 있었는데, 책에 적혀 있는 대로였지만, 생각해 보면 아마도 일본에서도 초등학생이라면 이 정도는 붙어 있을 것 같았다.

계속 보고 있었더니 한 아이가 눈치를 채기 시작했고 다른 아이들도 계속해서 뒤돌아서서는 이쪽을 거리낌 없이 보고 있었다. 한 아이가 영어로 "Hello!"라고 하기에 대답했더니 많은 아이들이 "How are you?", "What's your name?"이라고 물었다. 인사를 나누고 이름을 말한 후 더 이상 대화는 이어지지 않았지만 생긋생긋 웃고 손을 흔들기도 하는 등 꽤 귀여웠다. 다른 아이는 이쪽을 이리저리 살피면서 관찰도 했는데 아이들 입장에서는 동물보다 동양인이 더 희귀했을 것이다.

그 후에도 동물원을 돌아다녔는데 아이들이 빤히 쳐다보기도 하고 영어로 말을 걸기도 했다. 아무래도 아이들은 우리 속의 동물보다는 우리 밖을 걸어 다니는 희귀한 동양인을 더 재미있어 하는 것 같았다. 게다가 말을 걸고 손을 흔들고 하면 바로 반응하므로 원숭이 따위를 놀리는 것보다도 더 즐거웠을 것이다. 결국은 사람들의 행동을 관찰하려고 동물원에 들어갔지만 반대로 나 자신이 관찰당하는 입장이 되어버린 것이다.

문득 생각이 났다. 이제까지 여기저기를 돌아다니면서 사람들의 언어행동을 넌지시 관찰했다고 생각했는데, 사실은 현지 사람들로부터 나 자신이 관찰 당했던 것은 아니었을까? 하긴 국내에서도 호랑이가 되기도 하고, 여우나 늙은 너구리라고 불리기도 했는가 하면 늑대 취급도 당한 적이 있고 고양이 탈을 쓰기도 했기 때문에 꽤 구경거리가 되었을지도 모르겠다.

통권 220호 2000년 3월

크로아티아의 미소

크로아티아의

도시 리에카로 발길을 옮겼다. 일본 문학을 크로아티아어로 번역하고 있는 M여사에게 신세를 졌다. 마침 그 지역의 초등학교에서 일본을 소개하는 행사가 열린다고 하는데, 남편분의 제안에 따르면 낮 기차가 아니라 야간 기차로 돌아온다면 참가할 수 있다는 것이었다. 그래서 드문 기회라고 생각하고 협력하기로 했다.

따님이 일본어로 노래를 부르기로 되어 있는데, 필자가 저음부를 부르면 이중창이 된다며 같이 노래를 부를 것을 제안해 왔다. 비록 청중에게는 폐가 될지 몰라도 아름다운 아가씨와 함께 노래를 부른다는 것은 기쁜 일이다.

그리고 일본어로 뭔가를 얘기해 달라고 하는데 일본어에 관한 해설은 그다지 흥미가 없을 것 같았다. 행사의 주제는 '미소'라고 하는데 학교장의 말에 따르면 '미소'는 교육에 있어서 중요하므로 이 주제를 정했다고 한다.

회장에는 노멘能面,가면의 사진이 전시되어 있었는데 문득 생각이 나서 종이에 노멘 같은 것을 그렸다. 눈썹, 눈, 입을 5개의 가로 선으로 그리고, 한가운데에 세로로 코를 그려 넣었다. 2개의 눈을 산처럼 접고 한가운데의 코 부분을 계곡처럼 안으로 들어가게 접었다. 종이를 세로로 3번 접어서 완만한 M자형으로 불룩하게 만들었다. 이 종이를 수직으로 들면 무표정하게 보이지만 아래로 향하게 하면 슬픈 표정이 되고 위로 향하게 하면 기쁜 표정이 된다. 노멘도 이 효과를 이용하는데 말은 달라도 사람들의 감정은 비슷한 것이라고 말하면서 학생들과 부모님들 앞에서 종이를 상하로 기울여 보였다. 감탄의 소리가 여기저기서 나왔는데 아마도 감정이 통했을 것이다.

사실은 옛날에 한 학생이 가르쳐 준 지폐 놀이의 응용이었다. 2개의 눈을 산으로 접고 코를 계곡으로 접는다. 천 엔에 그려져 있는 소세키漱石, 소설가의 얼굴은 효과적이었다. 세계 각지의 지폐로도 같은 효과를 얻을 수 있어서 여행지에서 심심풀이로 하기도 좋다. 단, 유로 지폐에는 사람 얼굴이 없어서 활용할 수 없다.

국제학술대회가 끝난 후의 친목회나 2차 모임의 여흥에도 좋다. 어떤 학회에서 술을 마시면서 각국의 지폐를 접어서 웃고 있었더니 나중에 온 사람이 누가 시작한 거냐고 물었다. 그러자 그 자리에 있던 L 씨가 이렇게 대답했다. "이런 거 하는 건 이노우에 씨 밖에 없잖아요."

통권 294호 2005년 6월

웃는 얼굴은
국제어

부다페스트에서

클래식 공연을 보았다. 친숙한 베토벤의 9번 교향곡으로 4명의 독창
가가 도중에 등장했는데 그 중의 한 여성이 만면에 미소를 띠고 있
었다. 반면에 다른 세 사람은 긴장한 얼굴로, 그 유명한 베토벤의
초상화를 그대로 연주회장에 옮겨 놓은 듯한 딱딱한 표정이어서,
그녀의 미소는 더욱 눈에 띄었다. 문득 '환희의 송가' 중에서 '후로이
데 기쁨'를 부르고 있다는 것을 알 수 있었다. 이 곡은 즐겁게 부르는
곡이에요! 라고 회장 어딘가에 적혀 있었는지도 모른다. 이쪽도 미
소를 지으며 천천히 듣기로 했다. 그렇게 생각하고 들었더니 그녀의
중창 부분은 너무나 감동적이기까지 했다.

생각해 보면 연말에 일본에서 유명한 지휘자의 연주도 들은 적이
있지만 그때는 9번 교향곡의 즐거움을 깨닫지 못했다. 연주자가 이
렇게까지 즐겁게 연주하는 것도 본 적이 없었다.

그 후 오케스트라의 바이올린 주자이기도 한 일본학자인 M여사
를 만나서 얘기를 했더니 연주를 하면서 감정을 표정에 나타내는
것은 괜찮지만, 극단적으로 동작으로 나타내는 것은 피한다고 한다.
부다페스트에서는 와인 페스티벌의 갈라 콘서트였기 때문인지 지

휘자와 연주자에게 꽃다발이 아니라 상자가 건네졌다. 아마 와인이었을 것이다. 순서를 바꿔서 시작하기 전에 모두가 와인을 마시면서 즐겁게 9번 교향곡을 부르면 어떨까? 내친 김에 관객에게도 와인을 대접하면 더 즐길 수 있을 것이며, 그러면 단원들의 작은 실수에도 관대해질 수 있을 것이다.

저 찡그린 얼굴의 베토벤은 어떤 의도로 9번 교향곡을 작곡한 것일까? 와인을 마시면서 즐겁게 부르면 모독이 될까?

음악은 세계의 공통어라고 한다. 언어는영어라 하더라도 그 통용 범위가 아무리 넓어도 음악의 범위에는 미치지 못한다. 그러므로 진정한 국제어, 인류 공통어는 표정, 그 중에서도 웃는 얼굴이 아닐까?

통권 250호 2002년 5월

경찰의 시선

경찰의

'찰察'은 '짐작하다, 헤아리다'는 의미이다. 경찰관의 태도나 동작을
보면 뭔가를 '짐작하려는' 직업색이 드러나는 경우가 있다.

언어 사용을 조사하기 위해 국립국어연구소의 연구원과 야마가타
山形현 쓰루오카鶴岡 시에서 비번인 경찰관의 집에서 면접조사를 한
적이 있다. 조사원이 조사표를 보고 언어 사용에 관하여 질문을 한
후 답을 기다리는 동안은 피조사자인 상대방의 얼굴을 보는 것이
일반적으로, 만약 눈이 마주치면 대개는 상대가 시선을 피하는 것이
보통이다. 그런데 이 경찰관은 시선을 피하지 않고 이쪽을 계속 응
시하는 것이었다. 기가 약해서 질문하는 쪽이 오히려 시선을 피해
버렸다. 이 에피소드는 그날 밤 숙소에 돌아와 재미있는 얘깃거리가
되었다. 그랬더니 동료인 사회언어학자 S 씨가 같은 날 똑같은 경
험을 했다는 것이었다. 두 명의 경찰관이 피조사자가 되어 똑같은
시선 처리를 했다는 것이었다. 아마도 이러한 시선 처리는 피의자를
취조할 때에는 필요한 기술일 것이다. 즉 시선은 개인의 마음을 나
타낸 것이므로, 상대의 심리를 '살필 수 있는' 단서가 되는 것이다.

그런데 시선은 경어와도 관련이 있다. 대화 현장에서 권위가 있는

쪽, 회화를 지배하는 사람이 시선도 지배한다. 사장과 평사원과의 대화에서 눈이 마주친 경우에는 평사원이 시선을 피해야 한다. 한편 아기는 사람의 눈을 응시한다. 그러나 조금 더 성장하면 전철 안에서 다른 사람의 눈을 응시해서는 안 된다는 것을 배우게 된다. 성장해서 이것을 지키지 않으면 '건방지다'고 위협받게 된다.

단 좋아하는 사람과 얘기할 때는 서로 가만히 응시하는 경우가 있다고 한다. 만약 경찰의 이런 시선 처리가 여자와 대화를 나눌 때에도 유효하다면 경찰은 아마도 인기가 매우 많을 것이다. 만약 그렇지 않다면 여자와 대화를 나눌 때의 시선 처리는 취조용의 시선과 타이밍이 다를 것이다. 경찰관의 취조 시의 시선 처리를 평상시의 대화에까지 사용한다면 설령 거리낄 것이 없는 서민이라도 얘기를 하기 힘들 것이다.

통권 239호 2001년 7월

헤아리는 경찰

상대의

기분을 헤아리는 것은 인간관계에서 중요한 것으로, 넓은 의미의
경어라고 할 수 있지만 경 '찰察'은 언제나 서민의 사정을 제대로
'찰察'하는 것으로는 보이지 않는다.

이런 경험이 있었다. 어느 날 귀가했더니 아내가 부엌에서 음식을
만들면서 등을 돌린 채 "당신, 무슨 일 있었어?"라고 묻는 것이었다.
무슨 일인가 했더니 경찰에서 전화가 와서 경찰서로 와 달라고 했다
는 것이었다. 아내가 이유를 물어도 "말할 수 없다. 출근 할 때 경찰
서 앞을 지나 갈 테니깐 들러 달라."라고 밖에 말하지 않았다고 한
다. 이 정도면 아내가 남편을 의심하는 것도 당연할 것이다. 다행스럽
게도 범죄를 저지른 기억은 없었으므로 다음 날 당당하게 경찰서에
들렀다.

이미 시효가 지났겠지만, 경찰의 용무인 즉 슨, 용의자의 음성이
녹음된 2개의 테이프를 듣고 방언적인 특징을 봤을 때 두 개의 테이
프의 인물이 동일인물일 가능성이 있는지 감정해 달라는 것이었다.
조사 중이어서 미리 목적을 밝힐 수 있는 상황이 아니었다는 사정도
이해는 되지만 하마터면 가정 분쟁으로까지 번질 뻔 했다. 이걸 보

면 경찰은 서민의 사정은 그다지 헤아려 주지 않는 것 같다.

또한 이런 경우도 있었다. 아침에 대학 근처 상공을 헬리콥터가 날아다니며 뭐라고 말하고 있었다. 어젯밤 근처에서 교통사고가 있었는데 목격자를 찾고 있다는 내용이었다. 교통사고야 흔한 일인데 왜 특별 취급하는 걸까? 라는 것이 그 때의 단순한 반응이었다.

집에 돌아와 신문을 보고 겨우 사정을 알게 되었다. 앞이 보이지 않는 어머니의 손을 잡고 늘 길 안내를 하던 아들이 깜박 손을 놓쳐서 어딘가로 가 버린 것이다. 그 후 쾅! 하는 소리가 났고, 어머니가 소리가 난 쪽을 손으로 더듬어 보니 아들이 차에 치여 죽어 있었다는 것이다. 뺑소니! 어머니는 순식간에 길 안내 역할을 하던 효자 아들을 잃어버린 것이다. 어머니는 아무 것도 볼 수 없었고 따라서 목격자도 없는 상황이었다.

헬리콥터를 출동시킨 것은 경찰의 결단이었을 것이다. 잠시 후

한 회사원이 붙잡혔다고 한다. 이것은 경찰이 사람들의 감정을 '헤아린' 아름다운 행동이라고 할 수 있다.

통권 240호 2001년 8월

노조미의
전후

도카이도

신칸센을 탔다. 일이 끝나는 대로 시간에 구애받지 않고 언제든지
탈 수 있도록 왕복표는 히카리의 자유석 표를 사 두었다. 그런데
노조미*가 2대 연달아 운행하는 시간대와 맞물려서 홈에서 30분이

> * 도카이도산요신칸센(東海道山陽新幹線)의 도쿄역과 하카타(博多)역 사이를 운행하는
> 특별급행열차의 애칭. 노조미-히카리-코마치의 순으로 등급이 매겨짐.

나 서서 기다리는 신세가 되었다. 원인은 노조미 운행편수가 늘어난
만큼, 자유석편수가 줄어서 결국 탈 수 있는 시간대가 편중되었기
때문인데, 신기하게도 긴 줄에 서 있는 사람들이 아무도 불평을 하
지 않는 것이었다.

생각해 보면 최근에는 역에서도 소란이나 트러블을 본 적이 없다.
중앙선 전철 등은 정상적으로 운행되는 날이 오히려 더 적다고 말해
질 정도로 사고가 많은데도 역무원에게 시비를 거는 장면은 TV에서
도 본 적이 없다. 하긴 불황 때문에 투신자살이 늘어서 사람들 눈에 띄지 않는 곳에서의
폭력이 많아졌다고는 하지만.

예전에는 열차가 연착되면 역무원에게 시비를 거는 장면이 자주
보도되곤 했다. 발이 묶인 승객이 역을 점거한 적도 있었고 경찰과

출동한 적도 있었다. 정치적 대립이 심했던 때에는 국회에서도 난투극이 벌어졌고 데모로 여학생이 죽은 적도 있고, 과격파 학생들 간의 내분도 있었다. 길거리에서도 말다툼이나 서로 치고받는 경우도 있었다.

전쟁 전에 야나기다 쿠니오柳田国男 는 일본인이 사람들 앞에서 울지 않게 되었다고 지적했다. 비슷한 변화가 지금도 일어나고 있는 것일까? 외국에서는 많은 사람들이 다투고, 치고받고, 울며 고함치는 장면이 보도되기도 하는데, 과연 공공장소에서 개인의 감정을 어느 정도로 표출할지는 정치적 감정이나 생활 형편과도 관련이 있는 것이 아닐까? '부자는 싸움을 하지 않는다.'라는 속담도 있는 것처럼.

그 후 운전면허증을 갱신하러 경찰서에 갔다. 무사고 무위반의 우수 운전자인데도 평소에 운전하지 않으므로 당연한 것이지만 교부하는데 의외로 시간이 많이 걸렸다. 나중에서야 카메라의 상태가 좋지 않았기 때문이라는 이유를 알려 주었지만, 죄송하다는 말 한마디 없는데도 주위 사람들은 아무 불평 없이 얌전하게 기다리고 있었다. 하긴 장소가 장소이므로 무심코 불평을 말했다가는 바로 취조실로 끌려갈지도 모르기 때문에 모두들 조금은 두려웠을 지도 모르겠다.

통권 213호 1999년 9월

즐거운 언어학 산보

문자의 즐거움

J

'ご飯'은 '고향' 그럼 '飯'은 '항'?
'메시'? '이이'?

그리스의
문자 사정

J

그리스를

방문했을 때의 일이다. 공항에는 유학생 가족이 마중을 나와 주었는
데, 공사 중인 공항을 차로 빠져나가려고 했더니 큰 간판에 세로로
쓰인 × ○ △ ○ 라는 기호가 눈에 들어왔다. 설문지의 선택지와 비슷
했는데 그것을 아래위에서 〈 〉로 둘러싸고 있는 듯이 보였다. 그러
나 자세히 보니 〈 〉가 아니었다. 그리스 문자의 E나 Σ와 비슷했는
데, 기하학과 통계학의 기호에 관한 지식을 총동원해서 겨우 그리스
문자 'EXOΔOΣ 에크소도스'의 세로쓰기라는 것을 알 수 있었다. '도주'
의 의미로 라틴어를 비롯한 유럽의 언어들에 유입되었고 비슷한 제
목의 영화도 있었다. 아마도 '출구'라는 의미일 것이라고 추측했다.

　마중 나온 유학생 가족 앞에서 자신 있게 읽으며 "이게 그리스에
서 외운 최초의 단어이다."라고 말했더니 "최후의 단어가 되지 않기
를 기도한다."라는 것이었다.

　○ △ ○는 문자로서가 아니라 기호로서 외우기 쉽다. 이것을 출구
의 단서로 삼아야겠다고 맘먹었다. 이 정도라면 단어를 외울 필요도
없을 것 같았다. 이것은 일본에 있는 외국인이 표지판의 한자 중에
도형인 □가 있으면 출구나 입구일 것이라고 추측하는 것과 같은

맥락일 것이다.

그러나 그렇게 단순하지 만은 않다는 것을 바로 알게 되었다. 지하철역의 표시에 ○△○가 배열되어 있었는데 앞의 문자가 미묘하게 달랐다. 또 과거의 지식을 이용해서 해독했더니 또 다른 하나는 'ΕΙΣΟΔΟΣ 에이소도스'로 '입구'라는 의미였다. 게다가 거리에 나갔더니 도로명 표지판에 ○△○가 넘쳐났다. 크게 적혀 있는 ΟΔΟΣ 오도스 가 '도로'라는 의미인데, 가로쓰기의 ΟΔΟΣ는 단어라고 하기보다는 오히려 컴퓨터에서 사용하는 이모티콘과 비슷해서 거리 곳곳에서 코알라가 한 쪽 손을 들고 있는 것처럼 보여 재미있었다.

이리하여 그리스 문자를 읽지도 않고 단어를 외우지도 않고 ○△○를 단서로 출구를 알아보려는 시도는 허무하게 끝나 버렸다. 하지만 그 대신에 '에크소도스'가 그리스어의 처음이자 마지막 단어가 되지 않아서 다행이었다.

그건 그렇다 치고 겨우 고생해서 그리스 문자가 쓰인 간판을 해독해 봤더니 결국에는 영어 차용어인 경우도 있었다. 영어가 그대로 사용되는 간판도 있었는데 앞으로 이 나라의 문자가 어떻게 변화할지 궁금해졌다.

통권 272호 2003년 12월

문자 거리

J

구 유고슬라비아의

슬로베니아에 갈 기회가 생겼다. 슬로베니아 출신인 B 씨가 슬로베
니아에 가는 김에 크로아티아의 리에카에도 가 볼 것을 권했다. 옛
이름은 피우메. 아드리아해 연안의 아름다운 마을로 자신이 잘 알고
지내는 일본문학자가 환영해 줄 것이라는 것이었다. 직접 가 봤더니
정말 말한 그대로였다. 하루 시간을 내어 그 분이 직접 운전해서
가까운 이스트라 반도에도 함께 갔다.

　문득 보니 도로 표지에 '그라골 문자 거리'라고 적혀 있었다. 언어
를 이용한 선물은 많지만 거리 자체에 문자 이름이 붙은 것은 드문
경우였다. 얘길 들어보니 키릴문자의 형제와도 같은 그라골 문자가
후세에 까지 전해진 지역이라고 한다.

　도중에 그라골 문자가 적힌 비문도 있었다. 슬라브 지역에서도
최고最古 라는 야외 학교의 흔적도 있었다. 좋은 가이드가 딸린 최고
最高 의 드라이브였다. 모두 희귀한 것이어서 사진도 많이 찍었다.
어떤 공원에는 그라골 문자를 디자인에 이용한 조각품도 곳곳에 있
었다. 큰 문자는 토리이鳥居*처럼 그 사이로 빠져 나갈 수도 있었다.

* 신사(神社) 입구에 세운 두개의 기둥으로 된 문.

휴식을 취하기 위해 작은 문자 위에 앉아 봤는데, 앉아서 편한 좋은 문자가 있는가 하면 그렇지 않은 문자도 있다는 것을 알게 되었다.

그라골 문자는 예전에 키릴문자를 배웠을 때에 들은 적이 있는 이름이다. 키릴과 메토디 형제가 슬라브 지역에 그리스도교를 포교시켰을 때에, 그리스 문자로부터 키릴문자와 그라골 문자를 만들어 퍼트렸다고 한다. 키릴문자는 멀리까지 퍼져 러시아 등지에서 지금도 왕성하게 사용되고 있지만, 그라골 문자는 크로아티아를 제외하고는 멸망해 버렸다. 또한 아드리아해에 삼각형으로 튀어 나온 이스트라 반도에서는 마지막까지 실용에 쓰였다고 한다. 세계의 문자에 관심이 있는 사람들에게는 빼놓을 수 없는 관광 루트라고 할 수 있다. 단, 차가 없으면 다니기 힘들다는 난점이 있긴 하다.

안내를 해 준 분은 일본 문학을 크로아티아어로 번역하고 있는 미루나 씨. 도중에 '미루나'라는 이름의 강도 있었다. 기암을 보면서 이런 얘기를 해 주었다.

"내 이름은 일본인들에게는 외우기 쉬워요. 하지만 B 씨는 옛날에 일본인에게 소개할 때에, '봐서는 안 된다'는 의미이지만 만지는 건 괜찮을지도 몰라요. 라며 소개했어요."라면서

* '미루나'는 일본어로 '見るな(보지 마라)'와 음이 같음.

웃었다*. 너무나도 B 씨다운 농담이었다.

가로 문자
스타일

J

동경

미나토구港区 의 히로오広尾 역에 내렸을 때의 일이다. 히로오역 근처
에는 대사관이 많아서 외국인도 많이 살고 있는데, 역 바로 앞에
위치한 책방에 들어가 봤더니 과연! 가로문자*의 잡지가 쫙 진열되

* 전통적으로 일본은 '세로쓰기'를 해 왔기 때문에, '가로 쓰기'라고 하면 전통적인 것이
아닌 서양 문자로 된 것을 의미함.

어 있었다. 하지만 가까이 가서 자세히 봤더니 anan, Hanako, Friday
등의 일본 잡지였다.

수업에서 이런 얘기를 했더니 학생이 리포트로 잡지 제목에 사용
된 가로문자의 비율을 조사해 주었다. 그것을 계기로 더 거슬러 올
라가서 조사를 해 보았다. 1955년에는 2.3%, 1964년에는 2.4%,
1974년에는 5%로 두 배로 증가했고, 1984년에는 10%로 또다시
두 배로 증가했다. 그리고 1990년의 신간 잡지의 제목을 살펴봤더니
20%로 또 두 배로 증가했다. 1945년에는 0%였을 것이므로 50년
동안에 몇 배로 늘어난 셈이다.

이 상태로 가면 앞으로 100년 정도 뒤에는 전부 로마자로 바뀌는
것은 아닐지 걱정이 되기도 하지만, 아마도 걱정할 필요는 없을 것

이다. 왜냐하면 요즘에도 바둑이나 장기, 하이쿠俳句와 같은 잡지 제목에는 여전히 가로문자가 잘 쓰이지 않기 때문이다. 어떤 일에든 마지막까지 저항하는 사람들이 있기 마련이다.

최근에는 여기저기에서 로마자 알파벳 표기가 넘쳐 나고 있다. 젊은 세대들의 문장에는 자주 알파벳이 사용되긴 하지만, 아직까지도 한 자와 알파벳을 섞어서 쓰는 것에는 여전히 저항감이 있는 듯하여 '大好き, 다이스키'라고 섞어 쓰는 경우는 거의 없을 것이다.

그런데 왜 이렇게 가로 문자가 늘어나고 있는 것일까? 근본적으로 는 가로 문자를 멋있다고 생각하기 때문인 것 같다. 외래어의 다용, 외국 제품에 대한 숭배와도 관계가 있다. 즉, 가로문자를 사용한다 는 것은 일본이 구미 문명권에 편입된다는 것을 의미하는 것이다.

통권 195호 1998년 5월

가타카나
어휘는 낡았다

J

국립국어연구소에서

외래어에 대한 대체어를 제안하고 있다. 시계추가 되돌아오는 것과
마찬가지로 언젠가는 외래어를 배척하는 시대가 올 것이라고 예상
은 했지만 드디어 그 때가 온 것이다. 가타카나 어휘가 많아서 불편
하다는 여론의 움직임에 맞춘 것일까? 그런데 외래어를 남겨라, 외
래어가 더 편하다는 반대 의견은 적지만 그렇다고 대체어를 쓰는
사람이 더 많은 것 같지도 않다.

외래어 배척이라는 사회적 배경은 일본판 네오콘신보수주의이라고
보면 이해가 된다. 고이즈미 총리는 후생장관 시절, 간병 용어 관련
외래어를 순화시킨 경력이 있을 뿐만 아니라 현재의 미국이나 아시
아에 대한 외교정책도 보수주의 그 자체이다.

그러나 좀 더 다른 이유가 있을 것 같았다. 어느 날 간판 언어에
대해 조사한 졸업 논문을 읽다가 문득 짐작이 갔다. '할머니들의 하
라쥬크原宿'라고도 불리는 스가모 지조도오리巢鴨地蔵通り의 오래된
가게에 비해 현대식 건물이 많은 롯뽄기힐즈의 간판에 외국어, 알파
벳이 더 많이 쓰인다. 또 어떤 학생은 가수, 노래제목, 노래가사에
쓰인 외래어의 수 십 년간의 변천을 조사했다. 그 결과, 일시적으로

가타카나 어휘가 늘었지만 현재는 한 발 더 나아가 알파벳이 증가하는 추세라는 것을 알 수 있었다.

2차 대전 후의 잡지제목에 쓰인 가로문자화의 경향은 예전에 조사한 적이 있는데, 그 후 20년의 변화를 추가했더니 비슷한 세력으로 가로문자가 계속 증가하고 있다는 것을 알 수 있었다. 작년에 발간된 신간 잡지는 가로문자가 더 많았다. 한편 폐간된 잡지의 경우는 가로문자가 적었다. 아무래도 알파벳을 사용하는 쪽이 매출이 더 나은 듯하다. 즉 가타카나 어휘는 낡은 것이고 알파벳이 더 멋있어 보인다는 것이다. 그러므로 가타카나 외래어를 배척하자는 의견에 대한 반대가 적은 것일 것이다. 그러나 이런 추세라면 외래어가 추방되는 대신에 알파벳표기로 대체되는 비장의 카드가 나올지도 모르겠다. 즉 '커뮤니티, 트렌드, 세일'을 못쓰게 한다면 순수 일본어나 한자어로 바꾸는 것이 아니라 'COMMUNITY, TREND, SALE'이라고 쓰게 될 것이라는 것이다.

이렇게 바뀌면 영어투성이가 되어 버려 일본어의 지위, 그 자체가 위험해진다. 실제로 프랑스나 헝가리에서는 영어로만 간판을 적는 것을 금지시키거나 벌금을 부과하기도 한다. 일본어도 그런 방향으로 계속 바뀔 것인지, 관찰을 한 번 시작하니 끝이 없다.

통권 278호 2004년 5월

한자의
규제 완화

J

NHK

방송용어위원회에서는 최근 수 년간 상용한자를 늘릴지의 문제에 대해서 논의 중이다. 이것은 보도 현장의 요구에 따른 것이다.

고등학생들의 한자 실력을 조사해 봤더니 상용한자 이외에도 꽤 읽을 수 있다는 것을 알 수 있었다. 또한 인명 한자를 늘리는 등 사회적으로 한자에 대한 규제가 완화되고 있는 분위기이다.

그러나 '모두의 NHK'이긴 하지만 여론을 거슬릴 수는 없는 노릇이다. 새로운 여론조사를 시도하여 히라가나와 한자를 섞어 쓴 '늑골 ろっ骨', '취장すい臓' 등의 사용여부를 물어보았다. '누구라도 읽을 수 있도록 섞어서 쓰기'가 40% 정도, '원래의 한자를 사용해야 함'이 30%, '경우에 따라 달라도 좋다.'가 30%로 3가지 의견으로 나뉘었다.

그리고 보니 문화청에서 실시하는 여론조사1995년에서 '악연がく 然', '자수刺しゅう' 등에 관하여, 섞어 쓰기와 모든 한자에 음을 단 것의 두 가지를 제시하여 어느 쪽이 좋은지 물어 본 적이 있다. 섞어 쓰기를 지지하는 의견이 40%, 한자에 음을 달자는 의견이 60% 정도로 섞어 쓰기의 지지율은 '늑골'의 경우와 거의 같았다.

그런데 조사 결과를 사회 계층별로 상세히 본 후, 겨우 흐름을 읽을 수 있었다. 연령차와 학력차가 컸는데, 읽을 수 있도록 섞어 쓰는 쪽이 좋다는 의견은 노년층, 중학교 졸업 이하에 많았다. 생각해 보면 상용한자가 고시된 것이 1946년인 약 60년 전으로 현재의 노년층조차도 섞어 쓰기에 익숙해진 세대인 것이다.

경우에 따라 다르다는 의견은 젊은 여성에 많았다. 소녀들이 읽는 만화책은 모든 한자에 음을 단다고 한다. 몰랐다. 일반적인 유행 현상과 마찬가지로 언어의 변화도 여성이 리드한다고 가정한다면, 앞으로는 한자의 규제 완화가 더 우세하게 될 것이다.

최근의 TV는 문자에 많이 의존하고 있다. "문자를 사용하지 않고 방송을 하면 어떨까?"라는 아마노 유키치天野祐吉 씨의 발언으로 방송용어위원회 회장에 웃음이 터진 적이 있다.

그러나 라디오는 옛날부터 문자에 의존하지 않고 보도의 사명을 다하고 있다. 누군가가 라디오 쪽 사람들은 오늘 이 방송용어위원회에 올 필요가 없다고 말해서 다들 웃었지만 사실 라디오도 원고에는 문자가 사용된다.

격론 끝에 지금 바로는 상용한자를 늘리지 않기로 했다.* 어쩌면

* 2005년부터 시대에 맞는 상용한자에 대한 논의가 시작되어 2010년 6월에 1945자였던 상용한자를 2136자로 확대시킴.

TV에서 사용할 수 있는 한자를 늘린다고 해도 그에 비례해서 수신료까지 인상시킬 수 있는 것은 아니라고 NHK가 판단했기 때문일지도 모르겠다.

통권 295호 2005년 7월

읽을 수 없는 한자

J

S 선생님의

고희연 모임이 있었다. 배부된 메뉴의 마지막에 '반飯'이라고 적혀 있었다. 도대체 이 한자를 어떻게 읽을 것인지, 테이블에 마침 얘깃 거리가 끊겼을 때 물어보았다. '항'이나 '메시', '이이' 등 여러 가지 발음이 나왔다.

　결국 서빙을 하는 직원에게 물어보기로 했는데, 이쪽에서 먼저 그 한자를 읽어서는 제대로 된 조사라고 할 수 없다. 그래서 "미안합니다 만, 디저트 앞에는 뭐가 나옵니까?"라고 물어보았다. 그러자 "식사 말 씀하십니까?"라고 하는 것이었다. "식사라면 전체가 아닌가요? 스노모 노酢の物 다음에 나오는 것은 뭐죠?", "아아, '고항' 말씀이십니까?"라고 답하는 것이었다. 뭔가 눈치를 챘는지 이상하게도 조심성이 있었다.

　그래서 메뉴에 적혀 있는 '飯'이라는 글자를 가리키면서 "이거 어 떻게 읽죠?"라고 물었더니 역시 곤란한 표정을 지었다. 아마도 지금 까지 이런 질문을 하는 손님은 없었을 것이다. 모두들 "미안합니다. 여기 있는 사람들 모두 언어를 연구하는 사람들이라 이상한 것을 물어봤어요."라고 사과했다. 졸지에 이상한 사람들의 대표가 되어 버렸다.

그 후 동료 한 명이 카운터에 간 김에 물어보고 와서는, 주방에 물어봤더니 다도모임에서는 '이이いい'라고 읽는다고 한다는 것이었다.

모두가 납득한 시점에 아까 전에 서빙을 하던 직원이 다시 와서 "주방에 계신 분에게

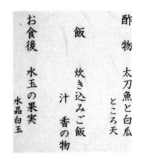

물어봤더니 '항'으로 읽는답니다."라는 것이었다. 무심코 얼굴이 마주쳤지만 더 이상 캐물을 수는 없는 노릇이었다. 그 직원이 나가고 나서 도대체 뭐가 맞는 것인지 또 논쟁이 벌어졌다.

며칠 후, 일본어 교사인 여성에게 이 얘기를 했더니, 바로 "'이이'겠죠."라는 것이었다. 뒷말을 잇지 못하고 있었더니 "카이세키会席 요리에서는 '이이'라고 읽는데, 혹시 '메시'라고 읽으셨어요?"라는 것이었다. 가정환경이 좋지 않았다는 것을 들킨 듯해서 부끄러웠다. "아니요, 이이데스. 이이데스."라고 썰렁한 농담으로 넘어가려고 했지만 전혀 통하지 않았다*.

* '이이데스'는 '됐습니다'라는 의미와 '이이입니다'라는 두 가지 의미로 해석될 수 있는 중의적인 표현임.

이와 같은 부류로 트럭 등에 적혀 있는 '이키우오活魚'도 적어도 다섯 가지로 읽을 수 있다*. 하긴 한자를 보면 의미를 알 수 있으므

* '이키우오(いきうえ)', '가쓰교(かつぎょ)', '이케우오(いけうお)', '이키자카나(いきざかな)' '이키사가나(いきさかな)' 로 읽힐 수 있음.

로 읽는 방법이 일정하지 않아도 특별히 지장은 없을 것이다. 이것은 S선생님이 이미 지적한 것으로 결국은 제자들이 스승을 한 걸음도 앞서지 못한 셈이다.

통권 311호 2006년 9월

최신의
각필角筆

J

각필角筆* 은

> * 상아나 나무, 대나무를 재료로 한쪽 끝을 뾰족하게 만든 젓가락 모양의 옛날 필기구로, 이것으로 눈에 보이지 않게 종이에 눌러서 문자나 그림 등을 표시함.

이제껏 그다지 알려지지 않았었다. 각필을 발견하게 된 얘기를 옛날에 듣고 감동을 받은 기억이 있다. 고문서를 해독하고 있는데 종이에 움푹 팬 곳이 있어서 옆에서 빛을 비춰 봤더니 한문을 훈독하기 위한 기호나 문자가 적혀 있었다는 것이다. 새로운 언어 자료의 발견인 것이다.

그 후 각필 문헌은 헤이안 시대뿐만 아니라 근세 이후, 나아가 근대에까지 일본 각지에서 쓰였다는 것이 체계적인 조사로 밝혀졌다. 지방에 있는 사가史家나 헌책방에 알려지면 좀 더 발견될 가능성도 있다. 한국에서도 발견되었다고 한다.

예전에 호쿠리쿠北陸 고마쓰小松 시의 '기타마에 후네노사토北前船の里'라는 자료관을 방문한 적이 있다. 메이지시대 전보의 약호표가 전시되어 있었는데 거기에 각필처럼 팬 곳이 있었다. 메이지 34년에 인쇄된 약호표를 바꿔서 동료들끼리 사용한 것으로 추정된다. 단 팬 곳이 가늘어서 철이나 다른 뭔가 단단하고 날카로운 것으로 썼던

것 같은데 등사판용 연필 같은 것이었을까?

그 뒤 국어학회가 있어서 이 분야의 개척자인 고바야시 요시노리 小林芳則 선생님에게 물어보았다. 우선 필기도구가 뿔로 된 것만을 각필이라고 하는지 물어봤더니 지금은 그것 말고도 여러 가지를 가리킨다고 한다. 그렇다면 기타마에 자료관의 것은 합격이다. 어쩌면 가장 새로운 각필일지도 모르겠다. "가장 최근의 자료는 뭡니까?"라고 물었더니 다이쇼大正 3년의 오키나와沖繩 현의 학자인 히가시온나 칸준東恩納寬淳 의 것일 거라고 한다. 유감스럽게도 기타마에 자료관의 것은 최신의 것이라고는 할 수 없다.

그러다가 문득 생각이 났다. 사실 필자는 메모 용지를 늘 가지고 다니는데 베개 밑에도 메모 용지를 넣어 두었다가 생각난 것을 메모하곤 한다. 천정을 보고 쓰기도 하고 볼펜 잉크가 떨어졌을 때는 세게 눌러 써서 움푹 패게 하기도 한다. 볼펜으로 쓴 악필처럼 나중에 해독할 때 고생하지만 이것도 일종의 각필 문서라고 할 수 있다.

다음에 고바야시 선생님을 만났을 때에 "좀 더 새로운 각필 문서가 있어요."라며 전날 밤에 내가 쓴 메모 카드를 보여 드리면 어떨까? 라고 생각했다. 온후한 선생님이므로 웃어넘기실 지도 모르겠다. 하지만 지나치게 성실한 사람들에게 이 사실이 알려져 앞으로 학회 출입이 금지되기라도 하면 곤란하므로 관두기로 했다.

광고의
거울 문자

J

광고 문자의

변천사를 조사하기 위해 옥외광고의 역사에 관한 문헌을 살펴 보았는데, 중세에 노렌のれん에 가게 이름을 쓰는 것이 보급되어서 뒤에서도 읽을 수 있는 문자가 애용되었다고 적혀 있었다. '미쓰이三井, 미쓰코시三菱, 혼다本田, 토요타豊田' 등의 부류이다. 길 쪽에서도 가게 안에서도 읽을 수 있고 혹시 바람으로 뒤집혀지거나 거울이나 쇼윈도에 비춰져도 읽을 수 있는 것이다. 선거에서도 천으로 된 깃발을 사용하므로 거울문자가 유리하다. 장기 정권을 누렸던 요시다吉田나 고이즈미小泉는 거울 문자인데, 과연 이것과 관련이 있는 것일까?

네온사인의 경우도 뒤쪽에서 봐도 같으므로 길에 직각으로 내건 네온사인이든 건물 옥상 위의 거대한 네온사인이든 하나면 되기 때문에 경제적이다. 애드벌룬도 양쪽에서 다 읽을 수 있다.

좌우 대칭인 거울 문자로 뒤에서 읽어도 똑같은 한자는 꽤 많다. '일본日本', '아오모리青森, 도쿄東京, 토야마富山, 오카야마岡山, 야마구치山口', '야마다山田, 미즈타니水谷, 기우치木内' 등이 그렇다. 그러고 보니 '山本山'의 TV 광고가 '위에서 읽어도 아래에서 읽어도 山本山'이라는 것은 '뒤에서 읽어도 앞에서 읽어도 山本山'인 것이다. '표리裏表 없습니다.'를 캐치프레이즈로 해도 좋을 듯하다. 참고로 거울 문자 국가의 거울 문자 수상의 '호네부토骨太'라는 정책*은 뒤에서

> * 2001년 6월에 통과한 [경제재정운영과 구조개혁에 관한 기본 방침]에서 당시의 고이즈미(小泉純一郎)총리가 성역없는 구조개혁과 함께 슬로건으로 사용해서 일반 국민에게 침투시킨 말임.

보면 앞에서 보는 것과 미묘하게 다르다. 실제 사실을 그대로 나타 낸 것일지도 모르겠다.

가타카나 중에서는 '에니하호로ㅗ二ハホㅁ'가 거울 문자라고 할 수 있다. 히라가나 중에는 '이코히헤いこひへ'가 거울 문자에 가깝지만 뒤에서 읽으면 잘못 읽어 버릴 수도 있다.

로마자 중에는 소문자인 i, l, o, v, w, x, 대문자인 A, H, I, M, O, T, U, V, W, X, Y가 거울 문자이다. 최근에는 간판이 국제적이 되어서 알파벳이 늘고 있는데 'MOM', 'WOW', 'AMA', 'ATOYOTA', 'OTOTO', 'IMAMI'라는 상표를 만들면 세로쓰기로도 가로쓰기로도 뒤쪽에서도 똑같이 읽을 수 있다. 이런 종류의 예 중에서 문장 속에서 뒤집어도 의미가 통하는 것을 '회문回文'이라고 한다. '다케야부야케타たけやぶやけた, 대나무 숲이 불탔다', '와타시마케마시타와 わたしまけましたわ, 내가 졌습니다'와 같은 부류이다.

회문을 응용해서 오치 미치오越智通雄 라는 후보자가 선거운동 선전카에서 "위에서 읽어도 오치미치오, 아래서 읽어도 오치미치오, 가운데에 '미'가 있는 좋은 남자"라고 외쳤다는 얘기가 있다. 당선은 했지만 무효표 중에 '山本山'가 있었다고 한다. 선거 슬로건이 마치 김처럼 너무 얇다고 느낀 탓일까?

양쪽으로
펼쳐지는 책

J

유럽의

소수 언어의 보존 부활 운동의 리플렛 중에는 책을 반으로 나누어 같은 내용을 2개 언어로 적어 놓은 것이 있다. 그 때 어떤 언어를 앞부분에 적을 것인지는 중요한 문제이다. 이를 피하기 위해 책의 뒷부분 반을 상하로 뒤집은 형태로 인쇄하는 경우가 있다. 다시 말해서 어느 쪽이 뒷부분인지가 불분명해진다.

자카르타의 일본어 관계자에게 이 얘기를 했더니 바로 반응을 보였다.

"일본어를 세로로 쓰면 인도네시아어와 순서를 고민하지 않아도 돼요."

그 말을 듣는 순간 과연! 이라며 놀랐다. 그렇게 하면 유럽의 리플렛처럼 상하를 뒤집을 필요가 없는 것이다. 사실은 하와이의 일본계 신문에서는 옛날부터 오른쪽에서 펼치면 일본어, 왼쪽에서 펼치면 영어가 되는 형태로 인쇄해 왔다고 한다.

Google에서 검색해 봤더니 단행본 중에는 세로쓰기 오른쪽 펼치기와 가로쓰기 왼쪽 펼치기가 모두 있다는 사실을 알 수 있었다. '선전宣伝 회의'라는 잡지는 안 쪽 표지에서부터 가로쓰기 기사가 배열된다. '국어학'이라는 학술지는 가로쓰기 논문을 책 뒤쪽에 배치하여 영어 목차가 있는 쪽부터 펼쳐졌었다. 제목을 '일본어의 연구'로 바꾸고 가로쓰기가 주류가 된 후 과연 어떻게 될 것인지 궁금해졌다.

그런데 일본어로만 된 출판물에서 양쪽으로 펼쳐지게 하는 발상은 그다지 일반화되지 않았다. 지금 살고 있는 현이나 시의 홍보물은 뒤쪽 부분의 행사 안내나 외국인용 영어기사 등이 가로쓰기로 되어 있다. 마지막 페이지를 가로쓰기로 하면 오른쪽부터 읽으면 세로쓰기 기사이고, 왼쪽부터 읽으면 가로쓰기 기사가 되지만.

그리고 보니 신문의 마지막 페이지는 라디오와 TV란으로 가로쓰기이다. 가로쓰기를 하는 과학 관련 기사를 바로 앞 페이지에 배치하면 왼쪽부터 펼치게 되면 가로쓰기가 되어 통일된다. 하지만 이렇게 해서는 안 될 것이다. 왜냐하면 신문을 왼쪽부터 펼쳐서 세로쓰기로 되어 있는 사건·사고 등 잡다한 내용을 다루는 '3면기사'부터 읽는 사람이 많은 것 같으므로 본인을 포함해서.

문자를 세로쓰기로 하는 것은, 한자권이나 몽고 등 일부 국가에

지나지 않는다. 일본에서도 문자가 다양하다는 점에서 국제화가 진행되고 있다. 어떻게 변화할지 지켜보는 것은 즐거운 일이다.

마치며

이 책이 출판되게 된 계기는 아사히신문 일요일자 연재인 '일본어 시장にほんごいちば1995년 10월~1996년 3월'이었다. 편집 담당인 시미즈清 水弟 씨에게 원고를 몇 개 보여줬더니 그 중 하나를 가리키며 다른 것도 좋지만 특히 이게 재미있으니까 이런 종류의 것을 조금 더 써 주었으면 좋겠다는 요청을 해왔다. 칭찬이라고 생각하고 추가분을 더 제출했더니 "이게 좋으니까 좀 더 적어 주세요."라는 것이었다. 또 칭찬이라고 생각하고 방언을 테마로 썼다. 연재가 다 끝나고 나 서 생각해 보니, 예컨대 실리지 않은 원고는 좋지 않은 원고인 셈이 다. 말도 표현하기 나름이라는 사실을 새삼 느끼게 되었다.

이 얘기를 당시 메이지쇼인明治書院의 '일본어학' 편집 담당이었던 야부카미籔上信吾 씨에게 했더니, 얼마 후 실리지 못한 몇 편을 연재 하겠다는 제안을 해 주었다. 빈 여백 메우기에 사용될 것이라고 생 각하고 '언어의 산책길'이라는 제목으로 반 페이지짜리 칼럼으로 쓰 기로 했다. 겸손한 마음을 담아 글씨도 작게 했다. 출판사측에서 그 뒤로도 계속 연재를 희망해서 지금까지도 써 오게 되었다. 그런 데 칼럼은 그 후에 한 페이지 분량으로 늘어났고 글자도 보통 크기 로 커졌는데, 혹시 어떤 독자노인?로부터 글자가 작다는 불평이라도 있었던 것일까? 중간에 야부카미 씨와 술을 마실 기회가 있었는데 호평이라는 얘기를 들었다. 어차피 주위 몇몇 사람들의 반응일 거라 고 생각했지만 그게 아니라 가끔 잡지에 독자 설문을 넣는 경우가 있는데 그 설문조사에 근거한 신뢰할 만한 결과라는 것이었다. 그러

나 야부카미 씨는 이런 말을 덧붙이는 것도 잊지 않았다. "짧아서
읽는 사람도 있겠지만요."

매달 하고 싶은 말을 발표할 기회가 주어진다는 것은 고마운 일이
다. 술자리에서 무심코 내뱉은 얘기가 칼럼의 소재가 돼 버린다고
말하는 사람도 있었지만, 그렇게까지 타인을 폭로하거나 하지는 않
았다. 그렇지만 누군가의 체험담을 소재로 글을 쓴 적은 있다. 이
기회에 신세진 분들께 감사의 마음을 전하고 싶다.

이 칼럼을 일본어 교재로 쓴다는 얘기를 종종 듣곤 한다. 어떤
테마는 실제로 일본어 교과서에 실려 입시 문제에도 나온 적이 있다.
모 지방신문 사설에서 다뤘다는 사실도 인터넷에서 우연히 알게 되
었다. 신방언이라고 보고한 항목의 경우, 언어 조사에서 조사 항목
에 넣어준 연구자도 있었다. 누군가를 만났을 때 화젯거리가 되는
경우도 있었는데 정보를 공개하면 여러 가지 반향이 있다는 것을
알게 되었다. 매회 즐겁게 쓰고 그 반응까지 들을 수 있어서 정말
고마웠다.

또한 제67회까지의 원고 연재를 위해 메이지쇼인에 보낸 것는 인터넷에 공
개하고 있다. '일본어학'의 초고의 문장을 고쳤고 이 책에 수록할
때에는 또 퇴고를 반복했다. 어느 정도 바뀌었는지, 과연 좋게 고쳐
진 것인지, 비교하기를 좋아하는 분은 아래의 홈페이지를 이용하기
바란다.

http://www.tufs.ac.jp/ts/personal/inouef/sanpom.txt

편집 작업 시에는 메이지쇼인의 사에키 마사미佐伯正美 씨, 나구모
히데코南雲英子 씨에게 신세를 많이 졌다. 100회까지를 정리해서 책
으로 펴겠다고 해서 이제 끝인가? 라고 생각했는데 연재는 계속할

수 있다고 한다. 깊이 감사할 따름이다.

　참고로 2007년에는 몇 권의 책이 연속해서 출판될 예정이다. 2004년 이후 단행본이 거의 출판되지 않았기 때문인데, 어떤 책의 간행이 늦어지는 바람에 그것과 전후해서 간행될 예정이었던 출판 계획 전체에 영향이 미친 것이다. 교차로에서 네 방향에서 달려온 차가 서로 양보하지 않아서 모든 차가 빠져나갈 수 없는 것과 같은 상황이 계속되고 있었다. 이 때 한 대가 길을 양보하면 모두가 순조롭게 빠져나갈 수 있는 것이다. 또한 배수로에 낙엽이 쌓였을 때, 가장 아래의 큰 입을 빼면 나머지 입들이 깨끗하게 흘러가는 것과 마찬가지이다. 이 책은, 다행히 자동차의 흐름, 낙엽이 잘 흘러가게 되었을 때에 기획 얘기가 나와서 지체되는 일 없이 세상에 나올 수 있었다.

2007년 2월 17일 겨우 봄방학에 들어간

이노우에 후미오(井上史雄)

│ 지은이 이노우에 후미오(井上史雄)

메이카이(明海)대학 외국어학부 교수
동경대학 언어학과, 문학박사
홋카이도(北海道)대학, 동경외국어대학 교수 역임
사회언어학, 방언학 전공
1987년 긴다이치(金田一京助)박사 기념상 수상
NHK방송용어 위원
논저:『方言学の新地平』(明治書院)、『敬語はこわくない』(講談社現代新書)、
    『日本語ウォッチング』(岩波新書) 외 다수
E-mail: innoway@nifty.com

│ 옮긴이 김순임

일본여자대학 시간강사
전 국립국어원 학예연구사
동경외국어대학 지역문화연구과 학술박사
논저:『한국어와 일본어의 제3자경어의 대조 연구』(박이정)
역서:『일본어는 연속 1킬로미터로 움직인다』(박이정)
E-mail: kimsoonim0518@hanmail.net

즐거운 언어학 산보

초판인쇄 2011년 11월 01일
초판발행 2011년 11월 10일

저   자 이노우에 후미오
역   자 김순임

발 행 처 제이앤씨
발 행 인 윤석현
책임편집 조성희, 이신
마 케 팅 류준호
등록번호 제7-220호

우편주소 (132-702) 서울시 도봉구 창동 624-1 북한산현대홈시티 102-1206
대표전화 (02) 992-3253
전   송 (02) 991-1285
홈페이지 http://www.jncbms.co.kr
전자우편 jncbook@hanmail.net

ⓒ 김순임 2011 All rights reserved. Printed in KOREA

ISBN 978-89-5668-876-3 93730   정가 13,000원

· 저자 및 출판사의 허락 없이 이 책의 일부 또는 전부를 무단복제·전재·발췌할 수 없습니다.
· 잘못된 책은 바꿔 드립니다.